新时期工程项目经济管理中的有效策略研究

景宏军　李绿青　著

哈尔滨出版社
HARBIN PUBLISHING HOUSE

图书在版编目（CIP）数据

新时期工程项目经济管理中的有效策略研究 / 景宏军, 李绿青著. -- 哈尔滨 : 哈尔滨出版社, 2023.7
ISBN 978-7-5484-7394-7

Ⅰ. ①新… Ⅱ. ①景… ②李… Ⅲ. ①工程项目管理 Ⅳ. ①F284

中国国家版本馆CIP数据核字(2023)第130328号

书　　名：新时期工程项目经济管理中的有效策略研究
XINSHIQI GONGCHENG XIANGMU JINGJI GUANLI ZHONG DE YOUXIAO CELÜE YANJIU

作　　者：景宏军　李绿青　著
责任编辑：韩金华
封面设计：蓝博设计

出版发行：哈尔滨出版社（Harbin Publishing House）
社　　址：哈尔滨市香坊区泰山路82-9号　　邮编：150090
经　　销：全国新华书店
印　　刷：武汉鑫佳捷印务有限公司
网　　址：www.hrbcbs.com
E-mail：hrbcbs@yeah.net
编辑版权热线：（0451）87900271　87900272
销售热线：（0451）87900201　87900203

开　　本：787mm×1092mm　1/16　印张：9.75　字数：255千字
版　　次：2023年7月第1版
印　　次：2023年7月第1次印刷
书　　号：ISBN 978-7-5484-7394-7
定　　价：68.00元

前言

PREFACE

随着社会的不断发展和经济的日益繁荣，工程项目在现代社会中扮演着至关重要的角色。工程项目的成功直接关系到国家经济的增长、社会的进步以及人民群众的生活质量改善。然而，新时期的工程项目经济管理面临着许多挑战和问题，亟需有效的策略加以解决。

本文将深入探讨新时期工程项目经济管理的背景、现状和存在的问题，并提供一系列有效的策略来加强工程项目的经济管理。通过对相关理论的综述、现实问题的分析以及实践经验的总结，揭示新时期工程项目经济管理的内涵、重要性和主要内容，为相关从业人员提供有价值的参考和指导。

第一章包括研究背景和研究综述两个方面，介绍了工程项目经济管理研究的背景和现状，以及前人在该领域所做的相关工作。通过对前人研究成果的梳理，我们可以更好地把握当前研究的脉络和趋势，为后续的深入研究奠定基础。

第二章重点关注新时期工程项目经济管理的现状，具体分析数据维度不完整、工程施工手续不全、人员配备不符合管理要求、制度执行力较差、结算资料不完整以及工程项目成本管理效能低等问题。这些问题直接影响着工程项目的顺利实施和经济效益的实现，因此需要在后续章节中提出相应的解决方案。

第三章深入探讨新时期工程项目经济管理工作的内涵，首先阐述新时期工程项目经济管理的概念，明确其范畴和目标。随后，重点介绍新时期工程项目经济管理的步骤，从项目投资方案、经济评价、投招标、合同管理、融资管理以及变更索赔管理等方面进行详细阐述，以便读者全面了解工程项目经济管理的全过程。

第四章着重探讨新时期工程项目经济管理的重要性，具体从加强施工过程管控、提高合同管理水平和项目成本控制能力等角度进行论述。这些方面直接关系到工程项目的质量和效益，因此需要高度重视和全面加强。

第五章重点论述新时期工程项目经济管理应具备的因素，包括不同管理人才的配置情况、工程材料的配置情况、施工机械的配置情况以及项目资金的配置情况。这些因素是保障工程项目经济管理顺利进行的重要基础，也是提高工程项目经济效益的重要保障。

第六章详细介绍新时期工程项目经济管理的主要内容，涵盖了工程项目的投资方案、经济评价、招投标、合同管理、融资管理以及变更索赔管理等方面。通过深入探讨每一项内容的重要性和实操性，希望能为读者提供实用的指导和借鉴。

第七章重点讨论提高工程项目经济管理的有效办法，具体从标后预算编制工作、项目开工阶段的策划精度、工程过程结算、物质基础管理以及工程变更的控制和处理等方面进行深入分析。这些办法旨在解决工程项目经济管理中存在的问题，提高管理水平和效率。

最后，第八章着重介绍新时期工程项目经济管理成本控制的措施，具体包括编制科学合理的施工组织设计、严格控制人工费开支、加强对材料费的全面控制、合理配置或租赁设备、重视成本分析工作、建立项目群管理模式以及运用数字化管理手段等方面的措施。这些措施是实现工程项目经济管理目标的有效手段，也是提高工程项目经济效益的重要保障。

通过对新时期工程项目经济管理中有效策略的研究，我们希望为工程项目经济管理工作者提供一系列科学、实用的指导方案，促进工程项目的稳健发展，推动国家经济持续健康发展，为社会进步和人民福祉的提升做出积极贡献。在不断探索和实践中，相信新时期工程项目经济管理的质量和水平必将不断提升，为我们的社会带来更加美好的明天。

目录
CONTENTS

第一章　导　论

第一节　研究背景

一、工程项目的重要性及作用

（一）工程项目在国民经济中的地位和作用

1. 基础设施建设的重要性

基础设施建设是工程项目中最重要的一类，包括公路、铁路、港口、机场、水利等项目。这些项目对于国民经济的发展具有至关重要的作用。首先，良好的基础设施能够加强地区之间的连接和联系，促进物质、信息、资金等要素的流动，打破地域壁垒，形成一个统一的市场。其次，基础设施建设为其他产业的发展提供了有力支撑，提高了生产和交易的效率，降低了运输成本，促进了产业的发展和分工协作。此外，基础设施建设还为城市化进程提供了必要条件，吸引了更多人口流入城市，推动城市经济的蓬勃发展。

2. 产能扩张项目的推动作用

产能扩张项目是工程项目中的另一类重要项目，它包括新工厂、生产线的建设等。这些项目的实施直接带动了产业的发展和壮大。首先，新建工厂或生产线增加了生产能力，提高了产量和产值，为经济增长提供了重要动力。其次，产能扩张项目创造更多的就业机会，减少失业率，提高居民收入水平，促进消费市场的扩大。此外，产能扩张项目还能带动相关产业链的发展，形成产业集群效应，促进产业的整体协同发展。

3. 技术创新项目的推进作用

技术创新项目是工程项目中的又一类重要项目，包括新产品研发、科研中心的建设等。这些项目的实施对于提高产业的技术水平和竞争力具有重要意义。首先，技术创新项目的实施带来了新技术、新产品的应用和推广，提高了产业的技术含量和附加值，推动了产业的升级和转型。其次，技术创新项目加强了产业与科研机构的合作，促进了科研成果的转化和产业化，加快了科技创新对经济发展的驱动作用。此外，技术创新项目的成功还增强了企业的创新意识和竞争力，激发了企业的发展潜力，为产业的持续发展奠定了坚实基础。

（二）工程项目对促进产业发展的贡献

1. 基础设施建设拉动需求

基础设施建设项目的实施，尤其是大型基础设施项目的开展，直接拉动了相关产业的需求。例如，公路和铁路建设需要大量钢铁、水泥等建材，港口和机场建设需要大量的设备和机械。这些建材和设备的需求推动了相关产业的发展，带动了钢铁、水泥、机械制造等行业的需求增长。同时，基础设施建设还刺激了相关服务业的需求，如物流运输、酒店住宿、餐饮服务等，进一步促进了服务业的发展。

2. 产能扩张项目提振经济增长

产能扩张项目的实施直接增加了生产能力，提高了产量和产值，推动了相关产业的经济增长。例如，新建工厂的投入使用增加了产品供给，满足了市场需求，促进了相关产业的发展。产能扩张项目还刺激了原材料供应链和生产要素市场的活跃，带动了钢铁、化工、能源等产业的发展。同时，产能扩张项目创造了更多的就业机会，增加了居民收入，提高了消费水平，进一步拉动内需，为经济增长注入强劲动力。

3. 技术创新项目促进产业升级

技术创新项目的实施推动了产业的升级和转型。新技术、新产品的应用和推广，提高了产业的技术含量和附加值，增强了产业的竞争力。例如，信息技术领域的创新项目推动了传统产业的智能化改造，提高了生产效率和质量，实现了产业的转型升级。技术创新项目的成功也激发了企业的创新意识，鼓励企业不断进行自主研发和技术创新，推动了产业的持续创新和发展。

4. 基础设施建设提升区域竞争力

基础设施建设项目的实施不仅对当地经济产生重要影响，还能提升整个区域的竞争力。例如，新建的高速公路、高铁线路等交通基础设施大幅缩短了区域间的距离，促进了资源要素的流动和集聚。这为区域内产业的发展提供了便利，吸引了更多的投资和人才。基础设施的完善还吸引了更多的外部资源和市场进入，推动了区域产业的对外开放和国际合作。

5. 工程项目促进区域均衡发展

工程项目的实施有助于促进区域均衡发展，消除地区经济发展的不平衡性。通过基础设施建设和产能扩张项目在不同地区的分布，可以使经济活动和资源分布更加均衡。例如，中西部地区发展基础设施和产业项目，可以促进其经济发展和融入全国经济循环。同时，技术创新项目的推进也有助于缩小地区之间的技术差距，推动技术和人才的向心效应，促进地区经济的协调发展。

基础设施建设拉动需求，产能扩张项目提振经济增长，技术创新项目促进产业升级，工程项目促进区域竞争力和均衡发展。通过合理规划和实施工程项目，国民经济得以稳步发展，为社会创造更多的就业机会和财富，提高居民生活质量，促进经济的持续繁荣。

二、工程项目经济管理的重要性

（一）工程项目经济管理的定义与内涵

1. 工程项目经济管理的定义

工程项目经济管理是指对工程项目的投资、成本、收益等经济活动进行全面协调和有效管理的过程。在项目的整个生命周期中，从前期的项目决策和筹备阶段，到项目实施和运营阶段，再到项目的收尾和结算阶段，都需要进行经济管理。这种管理是基于经济效益最大化的原则，通过科学的管理手段和方法，使项目的投资回报率最大化，达到经济、社会和环境的可持续发展。

2. 工程项目经济管理的内涵

工程项目经济管理的内涵包含多个方面：

（1）项目投资决策

项目投资决策是工程项目经济管理的起点，它涉及项目的可行性研究、风险评估和投资评估等内容。在这个阶段，需要对项目进行全面地分析和评估，包括市场需求、竞争环境、技术可行性、资源配置等方面，以确保项目的投资是合理且具有回报的。

（2）预算编制与控制

预算编制是工程项目经济管理的重要环节。在项目开始之前，需要制订详细的预算计划，包括项目的总预算、分阶段预算和各项成本预算等。预算控制则是在项目实施过程中，对预算的执行进行监控和调整，确保项目的实际成本与预算保持一致，有效避免成本超支和资源浪费。

（3）融资管理

融资管理是指对项目资金的筹措和运用进行管理。工程项目的实施通常需要大量的资金投入，包括自有资金和外部融资。融资管理需要综合考虑项目的资金需求、融资成本、风险控制等因素，选择合适的融资方式和渠道，确保项目的资金供给和使用得到有效管理。

（4）合同管理

合同管理是工程项目经济管理中的关键环节。项目实施过程中，涉及许多合作方和合同关系，包括承包商、供应商、顾问等。合同管理需要建立健全的合同体系，明确各方的权利义务和责任，规范合同的执行和履约，以确保项目各方的合法权益得到保障。

（5）经济效益评估与优化

工程项目经济管理的目标是实现项目的经济效益最大化。在项目实施过程中，需要定期对项目的经济效益进行评估和优化。这包括对项目的投资回报率、净现值、内部收益率等指标进行计算和分析，找出项目经济效益的优势和薄弱环节，采取相应措施进行优化和改进。

（二）工程项目经济管理在产业发展中的地位和作用

1. 促进资源优化配置

工程项目经济管理通过对项目投资、成本、收益等方面的有效管理，能够实现资源的优化配置。项目的投资决策需要综合考虑各种资源的使用效率和回报率，避免资源的浪费和闲置。预算编制和控制使得项目在有限的资源条件下，实现经济效益最大化。融资管理则确保项目资金的合理运用，优化资金使用效率。通过优化资源配置，工程项目经济管理为产业发展提供坚实的基础。

2. 提高产业效率和竞争力

工程项目经济管理通过成本控制和经济效益评估，推动产业的效率提升。成本控制使得项目成本得到有效管控，降低了产业生产成本。经济效益评估则能够识别出项目的利润增长点，指导产业发展的重点和方向。有效的经济管理能够使得产业的资源配置更加合理，生产效率和经济效益得到提高，从而提升产业的竞争力。

3. 推动产业结构调整和升级

工程项目经济管理在技术创新项目中发挥重要作用，技术创新项目的实施通过引入新技术、新产品，推动产业结构调整和升级。工程项目经济管理对技术创新项目的投资决策、预算编制和效益评估进行全程管理，确保技术创新项目的有效实施。通过技术创新项目的推进，产业可以逐步向高技术、高附加值方向转型，提高产业的创新能力和核心竞争力。

4. 促进就业和社会稳定

工程项目经济管理的有效实施可以推动更多的工程项目落地和实施，从而创造更多的就业机会。在工程项目的实施过程中，需要大量的劳动力，包括工程施工人员、项目管理人员、技术专家等。这些就业机会不仅提高了居民的经济水平，还促进了社会的稳定和和谐。

5. 推动区域经济协调发展

工程项目经济管理在基础设施建设和产能扩张方面的应用，有助于推动区域经济的协调发展。基础设施建设项目的实施改善了区域的交通、水利、通信等基础设施，提高了区域的生产力和市场活力。产能扩张项目的实施带动了相关产业链的发展，形成了区域经济的产业集聚效应。这些都有利于推动区域经济的协调发展，实现区域经济的全面繁荣。

6. 促进国民经济持续增长

工程项目经济管理的实施对国民经济的持续增长具有重要作用。通过优化资源配置，提高产业效率和竞争力，推动产业结构调整和升级，促进就业和社会稳定，以及推动区域经济协调发展，工程项目经济管理为国民经济提供了强劲动力。它有助于促进国民经济的持续增长，推动社会经济向更高水平发展。

第二节　研究综述

一、国内工程项目经济管理研究概况

（一）国内工程项目经济管理研究的发展

自改革开放以来，我国工程项目经济管理研究得到了快速发展。在改革开放初期，由于市场机制不健全，计划经济体制下的工程项目管理往往缺乏对经济效益的考虑，资源配置不够优化。随着市场经济的推进，国内学者开始关注工程项目的经济性，加强工程项目经济管理研究。

近年来，许多高校建立了经济管理等相关专业，培养了大量的工程项目管理人才。研究重点逐渐从工程技术向经济管理转变，对项目投资、成本控制、项目决策等方面展开深入研究。同时，国内工程项目经济管理实践也取得了一系列成果，如基础设施建设、能源项目等的成功案例。

（二）国内工程项目经济管理研究的主要内容

国内工程项目经济管理研究涵盖了广泛的领域，主要内容包括：

1. 项目投资决策

在项目投资决策方面，国内学者着重研究了项目可行性分析、风险评估和投资评估方法。

通过对项目经济效益进行综合评估，指导投资者进行合理的投资决策。

2. 项目成本控制

在项目成本控制方面，国内研究主要集中在成本预算、成本控制方法和成本监控等方面。通过科学合理的成本控制手段，实现项目成本的有效控制，提高项目经济效益。

3. 项目合同管理

项目合同管理是工程项目经济管理的重要组成部分。国内研究侧重于合同的招投标、履约管理和风险防范等方面，以确保项目各方权益的合理保障。

二、国外工程项目经济管理研究概况

（一）国外工程项目经济管理研究的发展历程

国外工程项目经济管理研究起步较早，早在 20 世纪初，就有学者开始探讨工程项目的经济效益。随着工程项目规模的不断扩大和国际合作的深入，国外工程项目经济管理研究取得了显著进展。

1. 初期探索阶段（20 世纪初至 20 世纪 50 年代）

国外工程项目经济管理研究起步较早，最早可以追溯到 20 世纪初。在这一时期，学者开始关注工程项目的经济效益，并提出了一些简单的项目经济评价方法。然而，由于当时计算和数据处理手段的限制，研究较为局限，主要集中在经济指标的计算和分析上。

2. 系统理论构建阶段（20 世纪 60 年代至 70 年代）

进入 20 世纪 60 年代和 70 年代，国外工程项目经济管理研究进入了系统理论构建阶段。在这一时期，学者开始从整体角度探讨项目经济效益，提出了项目评价的综合指标和方法。其中最为著名的是投资回收期、净现值、内部收益率等经济评价指标，这些经济评价指标和方法为工程项目经济管理提供了基本的理论框架。

3. 管理方法拓展阶段（20 世纪 80 年代至 90 年代）

进入 20 世纪 80 年代和 90 年代，国外工程项目经济管理研究进入了管理方法拓展阶段。在这一时期，学者开始将经济管理与项目管理相结合，探讨如何通过优化项目管理来提高经济效益。研究内容涵盖了项目的风险管理、成本控制、资源配置、合同管理等方面。同时，计算机技术的发展为数据处理和决策分析提供了更多可能，推动了工程项目经济管理方法的进一步拓展。

4. 国际合作与应用推广阶段（21 世纪以后）

进入 21 世纪，国外工程项目经济管理研究进入了国际合作与应用推广阶段。随着全球经济一体化的推进，国际工程项目合作日益增多，国外学者开始关注跨国工程项目的经济管理。国际合作促进了工程项目经济管理经验的交流和共享，为各国项目管理实践提供了借鉴和参考。同时，一些先进的工程项目经济管理方法得到推广和应用，为国外工程项目的经济效益提升做出了重要贡献。

国外工程项目经济管理研究经历了从初期探索阶段到系统理论构建阶段，再到管理方法拓展阶段，最终进入了国际合作与应用推广阶段的发展历程。随着研究的深入，国外学者在项目投资决策、成本控制、风险管理、合同管理等方面提出了丰富的理论和方法，为工程项目的经济管理提供了有力的支撑。并且，随着全球化进程的加速，国际合作促进了工程项目经济管理经验的交流和应用推广，为国外工程项目经济管理的不断创新和发展奠定了基础。

（二）国外工程项目经济管理研究的主要领域和成果

国外工程项目经济管理研究主要集中在项目投资与融资、项目风险管理、项目成本控制和项目合同管理等方面。通过深入研究这些领域，国外学者为工程项目的经济效益提升和风险管理提供了丰富的理论和方法支持，并在实践中取得了显著的成果。这些研究成果不仅在国外，也对国内工程项目经济管理的发展和实践产生了积极的影响。

国外工程项目经济管理研究主要集中在以下几个方面：

1. 项目投资与融资

国外工程项目经济管理研究中，项目投资与融资是一个关键领域。学者们通过深入研究项目的投资决策过程，探讨不同项目投资方案的优劣，并运用现代财务方法进行资本预算和投资评估。同时，他们还关注项目融资的方式和渠道，以确保项目获得足够的资金支持。举例来说，一些大型国际工程项目可能需要跨国融资，因此，国外学者研究了跨国项目融资的相关问题，包括汇率风险管理、国际金融市场的运作等。

2. 项目风险管理

项目风险管理是国外工程项目经济管理研究的另一个重要领域。学者们通过开发风险评估模型和风险管理工具，帮助项目管理者识别潜在风险，并制定相应的风险应对策略。例如，利用敏感性分析、蒙特卡洛模拟等方法，可以对项目的关键风险因素进行模拟和评估，从而为项目决策提供科学依据。另外，国外学者还关注项目风险的传递和分散问题，通过建立多项目组合模型，实现风险的有效分散和管理。

3. 项目成本控制

项目成本控制是确保项目经济效益的重要手段。国外学者在成本预算和成本控制技术方面进行了广泛研究。他们运用各种成本控制方法，如增值管理、成本效益分析等，实时监控项目的成本状况，并及时采取调整措施。此外，一些国外企业还引入敏捷项目管理和精益项目管理的理念，强调高效的资源利用和精细化的成本控制，从而提高项目的经济效益。

4. 项目合同管理

在国外工程项目经济管理研究中，项目合同管理是确保项目合法权益的重要内容。国外学者研究了项目合同的设计和风险防范，确保项目参与各方的权益得到保障。他们关注合同的条款和条件，以及合同履约的监控与管理。举例来说，一些复杂的国际工程项目往往涉及多个国家和多个合作方，因此，合同管理涉及跨文化和跨国法律问题，需要充分考虑不同法律体系和文化背景下的风险。

国内外工程项目经济管理研究在不同领域都取得了一系列成果，但也存在一些挑战和问题。国内在项目风险管理、合同管理等方面有待加强，国外在项目成本控制和合同管理方面有值得借鉴的经验。因此，深入研究工程项目经济管理，积极借鉴国内外的最佳实践，对于推动工程项目的经济效益和产业发展具有重要意义。

第二章　新时期工程项目经济管理的现状

第一节　数据维度不完整

在新时期的工程项目经济管理中，数据维度不完整是一个普遍存在的问题。这是由于工程项目涉及多个部门、多个阶段，每个阶段都会产生大量数据。这些数据来自项目管理系统、财务系统、监测系统、供应链系统等多个信息系统，形成了一个庞大的数据网络。由于各系统之间的独立性和不兼容性，导致数据的获取和整合存在困难，从而导致数据维度不完整。

一、工程项目数据来源的多样化

工程项目的数据来源非常多样化，涉及多个部门和多个环节。例如，工程项目的前期策划阶段需要市场调研数据、竞争对手信息等；工程项目的实施阶段需要施工进度、材料采购、劳务工资等数据；工程项目的后期结算阶段需要成本数据、结算资料等。这些数据可能来自项目管理系统、财务系统、监测系统、供应链系统等多个信息系统，形成了一个庞大的数据网络。

（一）数据来源的碎片化与不一致性

由于工程项目的数据来源广泛，涉及多个部门和人员，因此数据可能会出现碎片化和不一致性的问题。不同部门和人员可能使用不同的数据格式、命名规则和采集方法，导致数据的统一性和整合性受到影响。例如，某一项工程的成本数据可能分别由项目部、财务部、采购部等各自维护，格式和维度不统一，难以实现全局性的数据分析和决策支持。

1. 部门间数据隔离

不同部门可能独立维护着相关数据，如项目管理部门负责进度数据、财务部门负责成本数据、采购部门负责材料采购数据等。由于数据被隔离存储在各个部门的信息系统中，项目管理人员难以全面了解项目的综合情况，从而影响了对整个项目的综合性分析和决策。

2. 数据格式和命名规则不一致

不同部门或系统可能采用不同的数据格式和命名规则，导致数据的标准化和统一性受到影响。例如，一个指标在一个部门中可能被命名为"项目进度"，而在另一个部门中可能被称为“工程进展”，这种命名的不一致会造成数据的混淆和误解。

3. 数据采集方法差异

不同部门或人员在数据采集过程中可能采用不同的方法和工具，导致同一项数据在不同来源中的准确性和一致性存在差异。例如，在采集成本数据时，某些部门可能使用手工录入，而另一些部门可能使用自动化系统进行数据采集，这样的差异可能会导致数据的不一致性。

4. 数据可访问性受限

由于部门间的信息隔离和数据安全，一些数据可能对其他部门或人员受限，无法实现全员共享。这种情况下，数据的碎片化会造成决策者无法获取全面的信息，从而影响决策的准确性和全面性。

（二）数据质量的不稳定性

工程项目的数据质量受到多种因素的影响，包括数据采集的方法、环境、人为操作等。这些因素可能导致数据质量的不稳定性。有些数据可能存在错误、遗漏或重复，使得数据的准确性和可信度受到影响，这样的数据质量问题会影响到项目经济管理的决策质量和有效性。例如，在工程项目的成本数据中，如果出现数据录入错误或遗漏，可能导致项目成本估算的不准确，从而影响项目的预算和成本控制。

1. 数据采集方法

数据的采集方法可能是影响数据质量的主要原因之一。如果采集方法不规范、不科学或不可靠，那么采集到的数据就可能存在误差。例如，在成本数据采集过程中，如果使用的是手工记录而非自动化系统，可能会导致数据录入错误或遗漏。

2. 数据录入人员的技能水平

数据录入人员的技能水平直接影响数据的准确性和可信度。如果数据录入人员缺乏必要的培训和专业知识，可能会出现数据录入错误或操作不当的情况，从而影响数据的准确性。

3. 环境因素

数据采集的环境因素也可能对数据质量产生影响。例如，在施工现场等复杂环境中，数据的采集和记录可能受到外界因素的干扰，导致数据的不稳定性。

4. 数据的完整性和一致性

如果数据缺乏完整性或存在不一致性，那么就会影响数据的准确性和可信度。例如，在采集成本数据时，如果有部分成本未能被完整记录或出现多次记录，可能导致数据的不一致和不准确。

二、数据维度不完整对项目经济管理的影响

（一）信息获取不全面的影响

数据维度不完整导致信息获取不全面，管理者无法充分了解项目的各个方面情况，对工程项目经济管理带来了诸多负面影响，涉及决策的准确性、风险评估、成本控制、项目监控和决策效率等方面。例如，在工程项目的前期策划阶段，可能无法获得全面的市场调研数据和竞争对手信息，导致项目定位不准确；在项目实施阶段，可能无法及时获取施工进度、质量检测等数据，影响项目监控和决策。

1. 决策不准确

缺乏全面的数据支持会导致管理者在项目决策时无法做出准确的判断。在工程项目的前期

策划阶段，如果无法获得充分的市场调研数据和竞争对手信息，可能会导致项目的定位和规划不准确，错失市场机会，或者投入了大量资源却无法满足市场需求。

2. 风险评估偏差

项目的风险评估需要充分的数据支持，以便对潜在风险进行科学合理地评估。缺乏全面的数据维度会导致项目风险评估偏差，无法全面、准确地评估项目的潜在风险，从而在项目实施过程中可能会遇到未预料到的风险和挑战。

3. 成本控制不力

数据维度不完整会影响项目的成本控制。在项目预算编制和成本控制过程中，如果无法全面考虑各项成本，可能导致预算不准确，成本控制不力，进而影响项目的经济效益。例如，在施工阶段，如果无法及时获取材料、劳务等成本数据，就无法对成本进行全面控制，可能导致项目成本超支。

4. 监控信息延迟

数据维度不完整会导致项目监控信息的延迟。管理者无法及时了解项目的实际进展和变化情况，失去了项目管理的及时性和灵活性。例如，在施工项目中，如果无法及时获得施工进度和质量检测数据，就无法及时调整施工计划，可能导致项目延期或质量问题。

5. 影响决策效率

数据维度不完整会影响决策的效率。管理者需要花费更多的时间和精力去寻找和整理数据，而不是专注于分析和决策。这样会延缓决策过程，影响项目的进展和效率。

解决数据维度不完整的问题，确保信息获取全面、准确是提升工程项目经济管理效能的重要方面。

（二）难以准确评估风险的影响

项目风险评估需要充分的数据支持，以便对各种风险因素进行全面的分析和评估。然而，数据维度不完整使得在风险评估中可能出现遗漏关键风险因素的情况，导致风险评估的准确性下降，对工程项目经济管理带来了重要的负面影响，包括风险估计的偏差、决策不全面、难以制订有效的风险控制计划，影响项目投资决策和风险应对的及时性。因此，保证数据的完整性和准确性对于提高工程项目经济管理的风险评估效能至关重要。例如，在某工程项目的供应链风险评估中，由于供应商的数据不完整，可能导致对供应链中的潜在风险未能充分预估，增加了项目后期风险的实际发生概率。

1. 风险估计偏差

数据维度不完整导致在项目风险评估中可能出现关键风险因素的遗漏，从而导致风险估计的偏差。未能全面分析和评估潜在风险，可能导致对某些重要风险的忽视，使得项目面临的实际风险比预估的要高，从而增加项目的不确定性。

2. 风险决策不全面

缺乏全面数据支持的风险评估使得项目决策时难以全面考虑各类风险的影响。管理者可能无法准确判断哪些风险对项目的影响最为关键，进而无法采取相应的风险应对措施，导致项目的风险应对策略不够全面和有效。

3. 难以制定风险控制计划

风险评估的不准确性会影响到风险控制计划的制订。如果无法准确评估各类风险的发生概率和影响程度，就无法针对性地制定相应的风险控制措施，可能导致风险控制计划的不完善，增加项目面临的风险。

4. 影响项目投资决策

风险评估是项目投资决策的重要依据之一。数据维度不完整可能导致风险评估不全面，影响项目投资决策的准确性。如果项目的风险被低估或高估，可能导致项目投资规模的不合理确定，进而影响项目的经济效益。

5. 风险应对不及时

由于难以准确评估风险，项目可能在风险发生后才做出应对措施。这样的滞后性会使得项目在面对风险时无法及时应对，可能导致风险的损失更加严重，影响项目的顺利进行。

（三）影响预算和成本控制的影响

数据维度不完整会影响项目的预算编制和成本控制。在预算编制过程中，由于部分数据未能获得，预算制定可能存在遗漏或估算偏差，影响项目预算的准确性和合理性。在成本控制阶段，缺乏全面的数据支持，导致对项目成本的控制不够精细和全面，进而影响项目的经济效益。

数据维度不完整对项目预算编制和成本控制产生了重要的影响，包括预算编制的不准确性、预算限制和决策困难、成本控制不精准、影响经济效益以及可能导致项目变更和索赔的情况发生。因此，确保数据的完整性和准确性对于提高工程项目经济管理的预算编制和成本控制的效能至关重要。

1. 预算编制的不准确性

数据维度不完整使得在预算编制过程中部分数据无法获取或者不完整，导致预算制定存在遗漏或者估算偏差的情况发生。预算编制时，如果关键成本项目的数据缺失或不足，可能导致预算金额的过高或过低，影响项目预算的准确性和合理性。

2. 预算限制和决策困难

数据维度不完整会限制管理者对项目预算的全面把握，导致预算控制困难。管理者难以准确了解项目各个方面的成本情况，很难做出全面有效的决策。这可能使得项目在预算限制下无法充分发挥效益，或者在预算执行过程中出现盲目决策的情况。

3. 成本控制不精准

数据维度不完整导致在成本控制阶段，缺乏全面的数据支持，难以进行精细化和全面化的成本控制。一些关键成本项目可能未能得到及时监控和控制，造成项目成本的不必要增加，从而影响了项目的经济效益。

4. 影响经济效益

由于预算编制不准确和成本控制不精准，项目的经济效益可能会受到影响。预算过高会增加项目的负担，而预算过低可能导致项目无法按时保质完成。成本控制不力会导致项目成本超支，降低项目的投资回报率，进而影响整个项目的经济效益。

5. 项目变更和索赔

数据维度不完整可能导致项目实施过程中出现变更和索赔的情况。由于项目数据不全面，项目变更的影响和索赔的依据可能不明确，增加了变更和索赔处理的难度，进而增加了项目的风险和成本。

（四）项目监控不及时的影响

数据维度不完整会导致项目监控信息的延迟和不准确，使得项目管理者难以及时了解项目的实际进展和变化情况。及时监控对于项目的顺利推进和问题的及时解决至关重要。然而，由于数据维度不完整，可能导致监控信息的滞后，无法及时发现问题和采取调整措施，从而影响项目的进度和质量。

数据维度不完整对项目监控的及时性产生了重要的影响，包括可能导致错误决策和延误风险应对、损失收益机会、影响项目整体效率、增加项目风险以及不利于决策制定。因此，确保数据的完整性和及时性对于提高工程项目经济管理的监控效能至关重要。

1. 错误决策和延误风险应对

由于数据维度不完整，项目监控信息的延迟和不准确可能导致管理者在项目实施过程中做出错误的决策。例如，未能及时发现工程施工中的质量问题，导致质量风险未被及时识别和应对，可能造成后期工程返工等额外成本的支出并延误工期。

2. 损失收益机会

及时监控对于项目的进度和成本控制至关重要，如果监控信息滞后，可能导致错过优化项目进度和控制成本的机会。项目管理者无法及时发现资源利用率不高或成本过高等问题，导致损失项目的收益机会。

3. 影响项目整体效率

及时地监控信息可以使项目管理者对项目进行及时调整和优化，从而提高项目整体的执行效率。而数据维度不完整会导致监控信息滞后，可能导致问题不断积累，最终影响项目的整体执行效率。

4. 项目风险增加

及时监控是发现项目风险的重要手段，如果监控信息滞后，可能导致对风险的识别和评估不够准确，增加项目风险的发生概率。

5. 不利于决策制定

及时地监控信息是项目管理者制定决策的重要依据。数据维度不完整可能导致监控信息的不完整性和不准确性，使得决策制定缺乏科学依据，增加了项目决策的不确定性。

第二节　工程施工手续不全

新时期工程项目经济管理中，工程施工手续不全是一个普遍存在的问题。这主要表现在以下几个方面：

一、手续审批不及时

在工程项目的前期筹备阶段，涉及众多审批手续，包括土地规划、环评审批、建设用地审批等。由于相关部门的烦琐程序和审批时长，导致施工手续办理时间长，延误工程项目的开工时间。

（一）手续审批不及时的原因分析

1. 政府部门审批程序复杂烦琐

政府部门负责对工程项目的相关手续进行审批，但由于审批程序复杂烦琐，涉及多个环节和多个部门，导致审批时间较长。不同部门可能存在协调不畅、信息共享不及时等问题，影响了审批的进度和效率。

2. 行政审批效率低下

一些地区的行政审批效率较低，审批人员工作效率不高，审批文件处理时间较长。这可能与行政管理体制不完善、工作流程繁复等因素有关，导致项目的手续审批进度受限。

3. 审批材料准备不充分

工程项目的手续审批需要提交大量的材料和文件，如果项目管理团队在准备阶段未能充分准备和整理相关材料，可能会导致审批部门要求补充材料或重新提交，延误了审批进度。

（二）手续审批不及时对工程项目的影响

1. 延误工程项目的开工时间

手续审批不及时是导致工程项目开工时间延误的主要原因。项目管理者无法在预定的时间内获得必要的审批文件，导致工程项目无法按时开始，延误了工程项目的开工时间。这对整个项目进度和完成时间产生直接影响。

2. 影响项目进度与竞争力

工程项目的开工时间对整个项目的进度和竞争力至关重要。延误开工时间会使得项目进度受限，导致项目项目无法按时完成，错过市场机遇，影响项目在市场上的竞争力。

3. 增加合同风险

许多工程项目的合同中规定了工程开工时间和竣工时间，由于手续审批不及时导致工程开工时间延误，可能会违反合同约定，增加项目承包方面临的合同风险，如违约责任和赔偿。

二、手续缺失或不合规

工程项目在施工过程中出现手续不全或不合规的情况，可能因为前期筹备不充分，或者施工单位在手续办理中存在违规操作。这样的问题容易导致后期施工中遭遇停工或违规处罚，增加了项目的风险和成本。

（一）手续缺失或不合规的原因分析

1. 前期筹备不充分

工程项目在前期筹备阶段未能充分审视和准备所需的手续和文件。项目管理团队忽视了某些必要的手续，或者未能及时咨询相关部门，导致手续缺失或不合规。

2. 施工单位违规操作

在一些情况下，施工单位为了追求施工速度或者降低成本，采取违规操作绕过手续办理的流程，导致手续不全或不合规，由此产生虚假报备、偷工减料等违规行为。

3. 相关部门监管不到位

手续缺失或不合规的另一个原因是相关部门的监管不到位。有些地区的监管部门缺乏足够的人力资源或技术手段，导致无法及时发现和处理手续问题。

（二）手续缺失或不合规对工程项目的影响

1. 延误工程进度

手续缺失或不合规可能导致工程项目在施工过程中遭遇停工或整改，从而延误了工程进度。特别是在关键节点出现手续问题，可能导致整个项目的进度受到影响。

2. 影响项目品质与安全

有些手续涉及项目品质和施工安全的监督和检验，如果缺失或不合规，会影响施工的品质和安全性。

三、缺乏专业人员管理

工程施工涉及的手续审批较多且复杂，需要专业人员进行严格的管理和协调。然而，一些施工单位缺乏专业的手续管理人员，导致手续的办理不够规范和及时，这会造成一些重要手续遗漏或延误，影响项目的进展。

（一）缺乏专业人员管理的原因分析

1. 人才短缺与竞争激烈

工程施工领域对于专业人员的需求量较大，拥有相关专业技能和经验的人才相对短缺。同时，由于竞争激烈，一些施工单位难以招聘到具备足够专业能力的人员。

2. 人员培训和培养不足

一些施工单位没有完善的人才培训和培养机制，导致现有人员缺乏必要的手续管理知识和技能。缺乏专业培训和指导，使得他们难以胜任手续管理的重要工作。

3. 工程项目管理意识不足

施工单位工程项目管理人员更加关注施工进度和质量等方面，而忽视了手续管理的重要性，这种管理意识不足导致手续管理人员的工作得不到充分的重视和支持。

（二）缺乏专业人员管理对工程项目的影响

由于缺乏专业人员管理，手续管理人员无法正确理解和掌握相关的法规和规章，导致手续办理过程出现不规范的情况，这会引发审批部门的质疑和延误。

1. 重要手续遗漏

缺乏专业人员管理会导致手续管理工作不够细致，容易出现遗漏重要手续的情况。例如，没有及时办理环评审批手续，会导致后续施工阶段面临环保问题。

2. 手续办理延误

由于缺乏专业人员的管理和协调，手续办理会出现拖延的情况。由于人员对手续办理流程不熟悉或者人力资源紧张，导致手续办理的速度较慢。

3. 影响项目进展与成本控制

手续办理的延误和不规范会影响项目的进展，导致工期延长和项目成本增加。此外，手续管理不善还可能引发违规行为，进一步增加项目的风险和成本。

四、手续办理成本高

在一些地区，由于行政审批的烦琐性和不透明性，工程施工手续办理成本较高。施工单位为了加快手续办理速度，可能会采取一些违规行为，导致违法成本和风险增加。

（一）增加项目成本

1. 资金成本增加

手续办理成本高导致项目资金占用时间增加，如果项目资金来自借款或贷款，那么资金的占用时间较长会带来利息支出增加，进而增加了项目的融资成本。

2. 运营成本增加

由于手续办理时间延长，项目开工时间被推迟，导致项目的运营时间缩短，会增加运营成本。例如，一个商业地产项目，由于开工时间推迟，租金收入的实现也将推迟，从而影响项目的收入流。

3. 机会成本增加

由于手续办理时间的延长，项目可能错过了一些有利时机。例如，一个房地产项目，由于手续办理耽误了最佳销售时机，可能导致项目销售价格较低，从而错失了一部分收益。

（二）加大项目风险

1. 违规风险

为了加快手续办理速度，施工单位可能会采取一些违规行为，这将增加项目面临的违法风险，一旦被相关监管机构查处，将会面临罚款、停工等处罚，对项目的经济利益和声誉造成损害。

2. 不合规风险

由于手续办理成本高，一些施工单位可能选择省略一些手续或不按照规定程序进行办理，导致手续缺失或不合规。这将增加项目后期可能面临的不合规风险，相关部门检查发现，可能会导致项目停工整改，延误项目进度，增加项目成本。

（三）影响项目进展

1. 施工周期延误

手续办理成本高导致审批时间延长，施工单位可能无法按计划开始施工，从而导致工程项目的实际完成时间延迟，影响项目的整体进度。

2. 资源占用延长

手续办理成本高会导致项目资金、人力资源、物资等资源占用时间延长。例如，由于手续办理时间过长，项目可能需要延长临时人员的雇佣时间，增加了人力成本。

3. 合作伙伴影响

工程项目通常涉及多个合作伙伴，包括供应商、承包商等。手续办理成本高导致项目进度延误，影响到合作伙伴的计划安排，进而影响项目的合作关系。

例如：某城市规划了一条新的城市地铁线路，但由于行政审批程序复杂，施工单位需要等待多个部门的批准。由于审批时间长，项目的开工时间被推迟了数个月。在这段时间内，施工单位不得不继续支付临时工人的工资，同时租用机械设备，导致资金成本增加。而由于开工时间推迟，项目的竣工时间也被延后，这可能导致新地铁线路的运营时间缩短，从而影响了项目的收益。

第三节　人员配备不符合管理要求

在新时期工程项目经济管理中，由于项目规模和复杂程度的增加，人员配备不符合管理要求成为一个突出问题。主要表现在以下几个方面：

一、人员技术水平不高

一些项目管理团队中的成员技术水平不高，缺乏相关领域的专业知识和经验。在项目实施过程中，可能面临无法解决的技术问题，导致项目进展受阻。

（一）技术难题无法解决

在工程项目实施过程中，可能会遇到一些复杂的技术难题，需要具备高水平的专业知识和经验才能解决。然而，如果项目管理团队中的成员技术水平不高，可能无法有效应对这些技术挑战，导致项目进展受阻。例如，在某工程项目中，需要采用先进的施工技术来克服地质复杂性，但由于项目管理团队缺乏相关技术专业知识，导致施工进展缓慢，项目延期交付。

（二）项目决策不准确

技术水平不高的项目管理团队在项目决策过程中做出不准确的判断，无法充分理解工程项目的技术要求和风险因素，导致在项目决策中忽略重要的技术细节，进而影响项目的整体规划和实施。例如，在某工程项目的前期策划阶段，项目管理团队未能正确评估土地地质条件，导致后期施工时遇到了严重的地质灾害，增加了项目风险和成本。

（三）项目质量下降

技术水平不高的项目管理团队无法有效监督和控制工程项目的施工质量，无法识别和纠正施工中的技术缺陷和问题，导致项目质量下降，进而影响项目的可持续发展和客户满意度。例如，在某建筑工程项目中，项目管理团队未能及时发现施工中的结构安全隐患，导致工程质量不达标，客户对项目不满意。

（四）技术革新和创新受阻

技术水平不高的项目管理团队缺乏对新技术的了解和应用，无法推动项目的技术革新和创新，依赖传统的施工方法和工艺，无法跟上行业发展的潮流，导致项目的竞争力和市场份额受限。例如，在某工程项目中，由于项目管理团队对新型建筑材料和施工技术不熟悉，导致无法利用新技术降低成本和提高工程质量。

二、人员缺乏综合素质

新时期工程项目经济管理需要综合运用经济学、管理学、法律学等多学科知识，要求项目管理人员具备较高的综合素质。然而，一些项目管理人员只具备某一领域的专业知识，缺乏综合能力，难以全面把握项目的经济管理工作。

（一）经济分析能力不足

新时期工程项目经济管理需要对项目进行全面的经济分析，包括投资回报率、成本效益、风险评估等方面。如果项目管理人员只具备经济学方面的专业知识，而缺乏其他学科知识的支持，可能无法全面、准确地进行经济分析。这可能导致项目决策不够科学合理性，影响项目的投资效益。

（二）管理能力有限

新时期工程项目经济管理需要有效地组织和协调项目各个环节，进行预算编制、成本控制、资源管理等工作。然而，如果项目管理人员只具备管理学方面的知识，而不懂得经济学和法律学等相关知识，可能无法很好地应对项目管理中的复杂问题，导致项目管理不够高效和精细。

（三）法律意识欠缺

工程项目涉及众多法律法规，包括土地法、建筑法、劳动法等。项目管理人员需要具备一定的法律意识，以便在项目实施过程中遵守相关法规，防范法律风险。如果项目管理人员缺乏法律学科方面的知识，忽视法律合规性，会导致项目面临法律风险和纠纷。

（四）沟通协调能力不强

新时期工程项目经济管理涉及多个部门人员的沟通协作，需要项目管理人员具备良好的沟通和协调能力。如果项目管理人员只具备某一领域的专业知识，无法有效地与不同部门人员进行沟通和合作，导致项目信息不畅通、协调不到位，影响项目的整体进展。

三、项目管理团队组建不合理

工程项目在组建管理团队时，过于注重资历和经验，而忽视了年轻人才的培养和引进，这样会导致项目管理团队缺乏活力和创新能力。

（一）缺乏新鲜思维和创新能力

当项目管理团队过于注重资历和经验时，可能忽视了年轻人才的培养和引进。年轻人才通常具有新鲜的思维和创新能力，他们能够带来新的观点和解决问题的方法。如果项目管理团队缺乏年轻人才，团队可能会陷入惯性思维，难以从新的角度审视问题，限制了项目的创新和发展。

（二）队伍活力不足

年轻人才通常充满活力和激情，他们愿意接受新的挑战和机遇。如果项目管理团队缺乏年轻人才，可能导致团队活力不足，成员们对工作产生疲惫感，影响项目的执行效率和效果。

（三）技术水平滞后

随着科技的快速发展，年轻人才通常更加熟悉新兴技术和工具，具备较强的数字化和信息化意识。如果项目管理团队缺乏年轻人才，可能导致团队的技术水平滞后，无法充分利用现代技术手段提高项目管理的效率和质量。

（四）传承困难

项目管理团队缺乏年轻人才，主要依靠资深人员的经验和知识来管理项目，这种过于单一的管理模式，可能会导致项目管理经验和知识的断层，传承困难。

四、项目管理人员流动性大

一些项目周期较长，人员流动性较大。项目管理团队中的核心人员可能因为个人原因离开，导致项目管理出现断层，影响项目的整体管理工作。

（一）项目管理经验的断层

在工程项目中，项目管理积累经验对于项目的顺利推进和成功实施至关重要。然而，由于人员流动性大，核心管理人员的变动会导致项目管理经验的断层，出现如下问题：

1. 核心管理人员的离职

核心管理人员通常是项目管理团队中经验丰富、技术能力强、对项目全局有较深把握的关键人物。当核心管理人员离职时，项目管理团队可能失去对项目历史和背景的深刻理解，新来的管理人员需要花费时间和精力对项目进行整体了解，这样的断层可能导致项目管理决策的不连贯性和执行计划的不稳定性。

2. 新人员的熟悉周期

新来的管理人员需要一定的时间熟悉项目的运作机制、团队成员以及各项管理工作。在熟悉的过程中，可能会出现一些错误和失误，导致项目进展受阻或产生不必要的问题。同时，新人员还需要一定的时间适应项目管理团队的工作氛围和文化。

（二）项目知识和经验的流失

随着人员的流动，项目团队中的一些关键人员离职，可能会导致项目知识和经验的流失，表现在以下方面：

1. 技术专业知识的丧失

工程项目通常涉及复杂的技术和工艺，一些离职的技术人员带走了自己在特定领域的专业知识，而新人员需要重新学习和掌握这些知识，导致技术上的断层问题。

2. 项目管理经验的流失

经验丰富的项目管理人员通常能够从历史项目中总结经验教训，并应用到当前项目中，帮助项目顺利推进。然而，当这些核心管理人员离职后，这些宝贵的经验可能随之流失，新来的管理人员需要重新积累经验，要付出更多的时间和代价。

（三）团队稳定性和凝聚力下降

人员流动性大导致团队的稳定性和凝聚力下降，表现在以下方面：

1. 团队凝聚力的影响

团队中的成员频繁流动，团队的凝聚力会受到影响。成员之间的默契和合作需要一定时间来建立和发展，频繁的人员变动可能会导致团队的配合和协作能力下降，影响项目的整体效率和绩效。

2. 团队稳定性的影响

团队成员的稳定性对于项目的稳定推进和管理工作的连续性非常重要。新人员的不断加入和老成员的不断离职会影响到团队的稳定性，进而影响项目的进展和运作。

第四节　制度执行力较差

在新时期工程项目经济管理中，制度执行力较差是一个普遍存在的问题。制度执行力不强主要表现在以下几个方面：

一、制度执行缺乏统一性和标准化

工程项目经济管理中，涉及的管理制度涵盖了项目的各个方面，如预算管理、成本控制、合同管理等。由于不同项目的特殊性和需求不同，一些项目在制定管理制度时缺乏统一性和标准化，导致各项目之间执行制度存在较大差异。这样的情况会造成管理流程混乱，执行效率低下，甚至产生矛盾和冲突。例如，在多个类似性质的工程项目中，由于缺乏统一的成本控制制度，各个项目对成本的核算方法、成本费用的划分等存在差异。对于项目经济管理人员来说，需要同时熟悉多种不同的制度，增加了管理的复杂性和难度。

（一）制度制定过程中的不统一性和缺乏标准化

在工程项目经济管理中，制定管理制度涉及多个方面和多个层面，包括预算管理、成本控制、合同管理、项目进度管理等。由于每个方面的特殊性和复杂性，不同项目会针对具体情况制定不同的管理制度。项目管理团队缺乏统一的标准和规范，导致在制定制度的过程中出现差异。

1. 不同项目的特殊性要求不同的管理制度

每个工程项目都有其独特的特点和需求，在制度制定过程中，需要充分考虑项目的特殊性。例如，一个大型基础设施建设项目可能涉及庞大的资金投入和复杂的工程进度安排，而一个小型的商业地产项目则可能相对简单。因此，不同项目对于预算管理、成本控制等方面的要求存在差异，导致制度的内容和执行方式不一致。

2. 缺乏行业统一标准和指导

由于缺乏行业统一的标准和指导，项目管理团队在制定管理制度时只能从自身经验和实际情况出发，缺乏参考依据，容易造成不同项目间制度的分散和碎片化，难以形成一套统一的标准化管理体系。

（二）制度执行差异带来的问题

1. 管理流程混乱和效率低下

当不同项目执行的制度存在较大差异时，项目管理团队可能因为对制度的不熟悉而在执行过程中产生混乱。例如，对于一个管理团队来说，如果之前的项目采用了较为灵活的成本控制制度，而当前项目要求采用更为严格的成本核算方法，那么团队成员可能需要花费更多的时间和精力适应新的制度，导致执行效率降低。

2. 管理决策的不一致性

不同项目间制度的差异可能导致在管理决策上出现不一致性。例如，对于一个公司来说，如果旗下有多个类似性质的工程项目，但各项目执行的成本控制制度不同，那么公司在对项目进行比较和决策时会因为制度不一致而产生困扰。这样就影响了公司整体的资源配置和战略规划。

二、制度宣导和培训不足

制度的执行需要项目参与者的理解和配合，而在一些项目中，对于制度的宣导和培训工作不够充分。管理团队忽略了制度宣导的重要性，仅仅在制度制定阶段进行简单地通知，导致项目参与者对制度的理解程度不够深入，无法真正落实到实际工作中。例如，在某个工程项目中，项目管理团队制定了新的合同管理制度，但并没有进行全体人员培训，导致合同执行人员对新制度的内容和要求不够清楚，出现合同履约方面的问题，对项目经济造成了一定的影响。

（一）制度宣导不全面

在项目启动阶段，制定的管理制度需要全体参与者的认可和理解。然而，一些项目管理团队仅仅进行简单的通知或简短的说明，没有对制度进行全面的宣导和解释，导致项目参与者对制度的内容和要求理解不够深入，影响制度的执行效果。例如，在某个工程项目中，项目管理团队制定了新的质量管理制度，但仅仅在项目启动会议上简单介绍了一下，没有对相关人员进行全面的培训和解释。结果，在项目实施过程中，相关人员对质量管理制度的不熟悉，出现质量问题，影响了项目的进展。

（二）培训方式不合理

在进行制度培训时，项目管理团队忽视了培训方式的选择，导致培训效果不佳。例如，项目管理团队仅仅采用书面材料进行培训，而忽略了实际操作和案例分析的培训，导致参与者对制度的理解程度不够深入，无法将制度落实到实际工作中。相比之下，采用案例分析和模拟操作等培训方式更能帮助参与者理解制度的具体应用和操作方法，提高制度的执行效果。

（三）缺乏定期的制度培训和复习

为了确保制度得到有效执行，项目管理团队应当定期组织制度培训和复习。然而，一些项目管理团队在项目启动阶段进行了一次培训后，就忽视了后续的培训和复习工作。这样会导致参与者对制度的记忆逐渐减退，执行效果逐渐下降。相比之下，定期的培训和复习可以帮助参与者保持对制度的认知和理解，确保制度得到持续执行。

三、制度执行缺乏监督和检查

有效的制度执行需要有监督和检查的机制，以确保制度得到贯彻执行。然而，在一些项目中，缺乏对制度执行的有效监督和检查，导致一些项目参与者对制度执行的重要性产生了麻痹态度，或者出现了敷衍了事的现象。例如，在某个工程项目中，虽然制定了严格的项目进度管理制度，但由于缺乏有效的监督和检查，项目执行人员对进度节点的达成并没有得到及时的确认和反馈。因此，项目执行人员没有将进度管理视为重要任务，导致项目进度延误，影响了整体项目进展。

（一）缺乏监督意识和责任意识

在一些项目中，管理团队和相关部门缺乏对制度执行的监督意识和责任意识。他们可能更关注项目进展和成果，而忽视了对制度执行的重视和监管。项目管理者过于专注项目的技术和实施细节，对制度的监督和检查显得比较淡化，导致制度执行得不到充分的重视和跟踪。

（二）缺乏有效的监督和检查机制

项目管理团队在制定管理制度时，可能没有建立起完善的监督和检查机制，导致制度的执行缺乏监督和检查渠道。没有明确的监督和检查流程，执行者可能没有受到足够的约束和激励，从而出现敷衍了事的情况。

（三）信息传递和沟通不畅

制度执行的监督和检查需要信息的传递和沟通，而在一些项目中，信息传递和沟通可能不够畅通。执行者可能没有及时了解到相关的监督和检查要求，导致制度执行的情况得不到及时的反馈和纠正。缺乏信息及时地沟通，执行者可能对于制度执行的重要性和紧迫性认识不足。

（四）人员流动和岗位变动

在一些项目中，人员流动和岗位变动较为频繁，导致制度执行的责任人员不稳定。由于责任人员的变动，可能出现交接不畅、责任不明的情况，制度执行的监督和检查可能出现断层。新进入的责任人员可能需要一定的适应期，导致执行效率下降。

（五）制度执行责任不明确

在一些项目中，制度执行的责任可能没有明确划分，不清楚由谁负责对制度执行情况的监督和检查，责任人员可能对于自己是否需要监督和检查制度的执行情况存在疑虑。缺乏明确的责任划分，可能导致制度执行的监督和检查出现盲区。

（六）缺乏制度执行的数据支持

有效地监督和检查需要有数据支持，而在一些项目中，可能缺乏制度执行的数据记录和统计。没有有效的数据支持，项目管理团队无法准确了解制度执行情况，无法对问题进行分析和改进。缺乏数据支持，可能导致制度执行的监督和检查变得盲目和主观。

（七）高层领导重视不够

在一些项目中，高层领导对于制度执行的重视不够。高层领导可能过于关注项目的进度和效益，而对于制度执行的监督和检查没有给予足够的支持和重视。缺乏高层领导的支持，项目管理团队可能难以推动制度执行的监督和检查工作。

（八）绩效考核与制度执行脱节

在一些项目中，绩效考核与制度执行可能存在脱节现象。项目绩效考核可能主要关注项目的技术实施和经济效益，而对于制度执行的落实情况缺乏考核指标。缺乏与制度执行相关的考核指标，可能导致执行者对于制度执行的重视程度降低。

四、制度与实际情况不匹配

在制定管理制度时，一些项目可能过于理想化，忽视了实际情况的复杂性和变化性。这样的情况导致制度无法与实际情况相匹配，难以适应项目的实际需求，从而制度执行效果不佳。例如，在某个大型建筑工程项目中，项目管理团队制定了严格的安全管理制度，要求所有施工人员必须配备个人防护装备。然而，在实际施工过程中，由于特殊的施工环境和操作要求，一些施工人员可能并不适合穿戴个人防护装备。这样的情况导致制度与实际情况不相符，施工人员可能对制度执行产生抵触情绪，降低了制度的执行效果。

（一）制度制定的理想化

在制定管理制度时，将管理目标设置得过于理想化，忽视了实际情况的复杂性和变化性。管理团队可能希望通过制定严格的制度来规范项目管理和提高效率，但这些制度往往没有考虑到项目实际运作中的差异和灵活性。例如，在项目成本控制制度中，管理团队可能规定了严格的成本预算和控制指标，但没有考虑到不同工程项目的特殊性和难以预料的风险因素，导致实际执行时难以达到理想的控制效果。

（二）制度执行的僵化性

一些项目可能将制定的管理制度视为刚性要求，对于实际情况的变化缺乏灵活性和适应性。管理团队可能过度强调制度的执行，而忽视了对实际情况的变化和调整。例如，在项目质量管理制度中，管理团队可能规定了一套固定的质量检验流程和标准，但没有考虑到施工过程中可能出现的特殊情况和技术难题，导致制度的执行效果受到影响。

（三）忽视项目特殊性和差异性

每个工程项目都有其独特的特点和需求，但在一些项目中，制度的制定可能忽视了项目的特殊性和差异性。管理团队可能将一套通用的管理制度应用于所有项目，而没有对不同项目的需求进行细分和定制。例如，在不同类型的建筑工程项目中，施工环境、施工工艺和安全风险可能存在较大差异，但如果管理团队将同一套安全管理制度应用于所有项目，可能导致实际执行效果不佳。

（四）制度与文化和习惯不协调

在一些项目中，制度的制定可能忽视了组织文化和员工习惯的因素，导致制度与实际执行者的价值观和行为习惯不协调。员工可能对于制度的执行产生抵触情绪，影响了制度的有效执行。例如，在某个项目中，管理团队规定了严格的工作时间和加班规定，但员工习惯于灵活的工作时间安排，这样的制度可能难以得到员工的认可和遵守。

（五）缺乏实际操作的可行性验证

在制定管理制度时，一些项目可能缺乏对制度实际操作可行性的验证。管理团队可能在理论上构想了一套完善的制度，但没有在实际项目中进行试点和验证。这样的做法可能导致制度在实际操作中存在一些不可行的问题，影响了制度的执行效果。例如，在项目进度管理制度中，管理团队可能设定了过于紧张的进度节点，但实际操作时发现无法保证节点的达成，导致进度管理制度无法得到有效执行。

第五节　结算资料不完整

在新时期工程项目经济管理中，结算资料不完整是一个普遍存在的问题。结算资料不完整主要表现在以下几个方面：

一、施工单位资料不全

在工程项目施工过程中，施工单位可能因为种种原因未能及时提供完整的结算资料。这可能包括工程量清单、材料采购凭证、劳务工资等资料，导致结算资料不完整。

（一）不规范的内部管理

一些施工单位可能存在内部管理不规范的情况。例如，项目管理团队可能没有建立完善的档案管理制度和资料归档流程，导致结算资料的整理和保存工作混乱。缺乏规范的管理制度会使得施工单位在结算过程中遗漏或丢失部分资料，导致结算资料不完整。

1. 缺乏完善的档案管理制度

一些施工单位可能没有建立完善的档案管理制度，导致在项目施工过程中产生的相关资料无法及时整理和归档。缺乏明确的资料保存要求和流程，可能使得结算资料分散存放，难以及时找到所需的资料，从而影响结算工作的进行。

2. 资料整理和归档工作不到位

即使有档案管理制度，若施工单位在实际操作中对资料整理和归档工作不够重视，也会导致结算资料的不完整。可能出现资料丢失、错放或未按规定流程进行归档的情况，造成结算资料缺失。

3. 数据记录不规范

在工程项目中，施工单位需要对大量的数据进行记录和收集，包括工程量清单、材料采购凭证、劳务工资等信息。若施工单位的数据记录不规范，可能出现数据错误、丢失或遗漏的情况，进而影响结算资料的准确性和完整性。

4. 缺乏资料管理人员和培训

在一些施工单位中，由于缺乏专门负责资料管理的人员，或是这些人员缺乏相关的培训和经验，导致资料管理工作不到位。缺乏专业的资料管理人员会使得资料整理和归档工作显得杂乱无章，难以保证结算资料的完整性。

（二）项目管理能力不足

部分施工单位可能缺乏足够的专业人员进行项目管理工作。在工程项目中，结算资料的整理需要对工程量、材料采购、劳务工资等方面的数据进行详细核算和汇总。如果施工单位缺乏经验且不懂得合理运用相关管理工具和系统，可能导致数据录入不全或错误，影响结算资料的完整性。

1. 缺乏专业知识和经验

项目管理工作需要掌握一定的管理知识和技能，包括项目计划、预算管理、成本控制等方面的知识。如果施工单位缺乏相关专业知识和经验，很难有效地进行项目管理和结算资料的整理工作。

2. 不懂得运用管理工具和系统

现代项目管理往往借助各种管理工具和系统来提高管理效率和数据处理能力。然而，如果施工单位缺乏对这些工具和系统的了解和运用，可能导致数据录入不全或错误，影响结算资料的准确性和完整性。

3. 没有足够的时间和精力进行管理

工程项目的管理是一项复杂而烦琐的工作，需要投入大量的时间和精力进行数据收集、整理和核算。如果施工单位缺乏足够的人力资源，可能会导致项目管理能力不足，进而影响结算资料的及时性和完整性。

4. 缺乏项目管理意识

一些施工单位可能并未意识到项目管理对于工程项目经济管理的重要性，对项目管理工作不够重视。缺乏项目管理意识可能导致对项目管理工作的敷衍和马虎，从而影响结算资料的准确性和完整性。

（三）偷工减料行为

为了降低成本或争取更多利润，部分施工单位可能会采取偷工减料等违规行为。在施工过程中，不按照规范执行，使用劣质材料或减少施工量，导致相关的资料缺失或无法提供，进而影响结算的准确性和及时性。

1. 结算数据不真实

偷工减料意味着施工单位在工程项目中减少施工量或使用劣质材料，导致实际完成的工程量与原始计划不符。在结算过程中，施工单位可能提供不真实的结算数据，导致结算资料的准确性受到影响。

2. 资料缺失和不完整

由于偷工减料行为，施工单位可能未按照规范执行，导致相关的资料缺失或无法提供。例如，原本应有的施工记录、材料采购凭证等资料可能被篡改或遗漏，进而影响结算资料的完整性。

3. 结算费用虚高或虚低

通过偷工减料，施工单位可能在结算过程中故意虚高或虚低费用，以获取不当利益。虚高费用可能导致业主支付超过实际工程价值的费用，而虚低费用则可能影响到工程质量和项目后续运营。

4. 造成经济损失

偷工减料行为会直接影响工程项目的质量和进度，可能导致施工质量不达标，甚至出现工程质量问题，增加维修和返工成本。此外，由于减少了施工量或使用劣质材料，项目的寿命和可持续性也可能受到影响，导致长期的经济损失。

5. 影响信誉和声誉

一旦偷工减料行为被发现，施工单位的信誉和声誉将受到严重影响。业主和监理单位对于施工单位的信任会降低，可能导致其在未来难以获得更多的项目合作机会。

（四）纠纷与争议

在工程施工过程中，可能会出现各种纠纷与争议，例如与供应商的价格纠纷、与劳务工人的工资纠纷等。这些纠纷可能导致相关资料被滞留或拒绝提供，影响结算资料的完整性。

1. 供应商的价格纠纷

在工程项目中，施工单位可能与供应商就材料价格产生分歧，双方可能存在对价格的认知不一致或合同约定不明确。这样的纠纷可能导致供应商拒绝提供正式的材料采购凭证和相关发票，影响结算资料中的材料费用的准确性和完整性。

2. 劳务工人的工资纠纷

工程项目中的劳务工人可能与施工单位产生工资纠纷，可能涉及工资支付标准、工时计算等问题。工资纠纷可能导致劳务工人拒绝提供签到记录和工资单等资料，影响结算资料中的人工费用的准确性和完整性。

3. 质量纠纷

工程项目中可能出现质量问题，例如工程质量不达标、施工质量问题等。质量纠纷可能导致相关工程节点的验收滞后，影响结算资料中的工程量清单和费用结算。

4. 监理单位与施工单位的监管纠纷

在工程项目中，监理单位可能对施工单位的工作进行监督和检查，如果监理与施工单位之间存在观点分歧，可能导致监理单位拒绝签署结算单，影响结算资料的正常提交和审批。

5. 业主与施工单位的合同纠纷

工程项目中，业主与施工单位之间可能就合同条款、工程变更等问题产生争议。合同纠纷可能导致业主拒绝结算或要求重新提交相关资料，影响结算资料的及时性和准确性。

二、监理单位监理不严

监理单位在履行监督职责时，未能严格要求施工单位提供完整的结算资料。监理不严可能由于监理人员素质不高、监理制度不完善等原因，导致结算过程中出现漏洞。

（一）监理单位监理不严的表现

1. 监理人员素质不高的影响

监理人员缺乏相关专业知识和经验，无法准确理解和把握施工单位提交的结算资料。例如，在土建工程项目中，施工单位可能提交了一份复杂的工程量清单，但由于监理人员缺乏土建工程方面的知识，无法判断其合理性，导致无法对结算资料的真实性进行准确评估。

监理人员对结算资料要求不够严格，容易被施工单位的虚假材料所欺骗。例如，施工单位可能故意提供不完整的材料采购凭证，监理人员如果缺乏严格的审核意识，可能会未能发现其中的问题，从而影响结算资料的完整性。

2. 监理制度不完善的影响

工程项目缺乏规范的监理制度和流程，导致监理人员在审核结算资料时缺乏明确的标准。例如，在工程项目的结算制度中，可能并未规定对工程量清单的详细要求，导致监理人员无法对其进行全面审核，从而影响结算资料的完整性。

监理制度不完善还可能导致监理工作的混乱和不统一。不同的监理人员可能根据个人理解执行不同的监理程序，导致对结算资料的审核结果存在差异，影响结算工作的一致性和准确性。

3. 监理人员责任心不强的影响

监理人员责任心不强，可能会对结算资料的审核过程漫不经心，导致对资料缺失的问题视而不见。例如，施工单位可能未能提供完整的劳务工资明细，但如果监理人员未能积极追踪和核实，就可能使得这一问题长期存在，影响结算的准确性。

监理人员责任心不强还可能导致对施工单位的不当纵容。有些监理人员可能因为种种原因，对施工单位的违规行为放任不管，包括在结算资料提交方面，导致资料不完整的问题得不到及时纠正，影响结算的及时性。

4. 案例分析

假设某工程项目中，监理单位的监理人员缺乏相关土建工程知识，施工单位提交了一份涉及复杂工程量清单的结算资料，其中包含了多项复杂的工程量计算。由于监理人员对土建工程方面的知识了解有限，无法准确理解工程量清单的计算方法和依据，导致对结算资料的审核存在误判。这样一来，可能使得施工单位在结算过程中逃避了一部分应付的费用，从而影响了结算资料的完整性和准确性。

（二）监理单位监理不严的影响

1. 结算资料不完整的影响

施工单位可能故意隐瞒某些费用或材料采购凭证，导致结算资料中缺失重要的项目支出信息。例如，施工单位在施工过程中使用了低质量的材料，为了降低成本而未将其纳入结算资料，使得项目的实际成本无法准确反映在结算中，进而影响了结算的准确性。

监理单位未能严格要求施工单位提供完整的劳务工资明细，导致结算资料中缺失了劳务工人的工资支出，使得工人的实际收入未能得到保障，可能引发工人维权问题，从而影响了项目的稳定性和运营。

2. 项目风险增加的影响

结算资料不完整可能导致项目的经济管理风险增加。在结算过程中，如果相关资料缺失或不准确，项目的财务状况无法真实反映，可能误导项目管理决策，从而增加了项目的不确定性。

结算资料不完整也可能导致项目合同履约风险增加。如果结算资料中缺失了一些关键信息，例如工程量清单或合同中规定的重要条款，可能导致项目合同无法有效履行，产生合同纠纷和争议。

3. 工程质量隐患的影响

监理单位未能对施工单位的质量管理进行有效监督，使得施工单位在结算资料中隐瞒了一些质量问题。例如，施工单位可能在施工过程中发现了一些质量缺陷，但未将其记录在结算资料中，使得项目质量问题无法及时解决，可能导致工程质量安全隐患。

结算资料的不完整性可能导致监理单位未能对施工过程中的工程验收进行全面评估。如果在结算过程中缺失了某些工程量清单或验收记录，监理单位不能全面了解工程项目的实际完成情况，导致一些质量问题未能及时发现和解决。

4. 案例分析

某工程项目中，监理单位在结算过程中未对施工单位提交的材料采购凭证进行详细审核，施工单位在采购过程中使用了低质量的材料，但将其纳入了结算资料。由于监理单位未能及时发现材料的质量问题，导致项目的实际成本被高估，使得项目方误以为使用了优质材料，从而影响了项目的经济效益。同时，由于施工单位未按照实际使用的低质量材料进行结算，导致项目后期出现质量问题，影响了项目的工程质量和运营。这样的情况表明监理单位监理不严导致了结算资料不完整，增加了项目的经济和工程风险。

三、资料保存和整理不规范

一些工程项目在结算资料保存和整理方面缺乏规范性，可能导致资料散乱、丢失或混淆，进而影响结算的准确性和及时性。

（一）结算资料保存不规范的表现

1. 缺乏统一的资料保存标准

一些工程项目可能没有建立统一的资料保存标准和规范，导致各个部门或个人按照自己的方式保存结算资料，使得资料存放位置、命名方式等不统一，难以进行有效管理和查找。

2. 资料保存环境不合理

有些工程项目可能将结算资料存放在不合适的环境中，例如潮湿、通风不良的地方，容易导致资料受损或丢失，进而影响结算的准确性和及时性。

3. 资料备份不及时

一些工程项目可能缺乏及时的资料备份机制，使得结算资料只存在于一处，一旦出现意外，如硬盘损坏或系统崩溃，就会造成数据丢失，严重影响结算工作。

（二）结算资料整理不规范的表现

1. 资料分类混乱

一些工程项目在结算资料整理过程中，可能没有按照一定的分类标准进行整理，导致各种资料混杂在一起，难以快速找到需要的信息，影响结算工作的效率。

2. 资料归档不及时

工程项目中，结算资料往往需要在施工阶段不断更新和归档，但一些项目可能由于疏忽或其他原因，未能及时将新的资料归档整理，导致结算过程中出现遗漏或错漏。

3.资料完整性不高

在结算资料整理过程中，可能存在一些关键信息缺失或遗漏的情况，例如某些单据、凭证未能妥善保存，或者因为沟通不畅造成一些重要数据的缺失，进而影响结算的准确性。

（三）不规范的资料保存和整理对结算的影响

1.结算的延误

由于资料保存和整理不规范，结算人员可能需要花费大量时间来查找和整理资料，导致结算过程耗时较长，影响结算的及时性。

2.结算的准确性降低

不规范的资料保存和整理可能导致结算资料的完整性和准确性降低，使得结算结果可能存在漏洞或错误，影响项目经济管理的决策和判断。

3.资料丢失或损坏

不合理的资料保存环境和不及时地备份可能导致结算资料的丢失或损坏，使得重要信息无法恢复，造成严重的经济损失和管理混乱。

4.案例分析

某建筑工程项目在结算资料保存和整理方面存在不规范的情况，项目管理团队未建立统一的资料保存标准，导致各个部门将结算资料存放在不同的文件夹和电脑里。由于缺乏及时地备份机制，其中一个部门的电脑硬盘突然发生故障，造成了大量结算资料的丢失。此外，由于项目参与者在结算资料整理过程中没有按照统一的分类标准进行归档，导致相关单据和凭证无法及时找到，耽误了结算的进度。这样的不规范操作使得结算工作延误，准确性降低，并给项目经济管理带来了严重的风险。

四、管理信息系统不完善

管理信息系统是工程项目经济管理中重要的辅助工具，若管理信息系统不完善，可能导致结算资料录入不全、数据错误等问题。

（一）管理信息系统不完善的表现

1.数据录入不全

管理信息系统在工程项目经济管理中扮演着重要角色，它需要记录和管理大量的数据，包括工程量清单、材料采购信息、劳务工资等。然而，如果系统设计不完善或使用不当，可能导致数据录入不全，缺少关键信息，从而影响结算资料的准确性和完整性。

2.数据错误

不完善的管理信息系统可能存在数据录入错误的问题。数据错误可能是由于人为输入错误、系统故障或数据传输错误等原因引起的，这些错误可能会导致结算资料的计算和分析出现偏差，影响工程项目的经济管理工作。

3.功能不完备

管理信息系统应当具备一系列功能，如数据查询、分析、报表生成等。然而，如果系统功能不完备或不符合项目实际需求，可能导致用户无法得到所需信息或进行高效的数据处理，从而降低了项目经济管理的效率。

（二）管理信息系统不完善对结算资料的影响

1. 结算数据不准确

管理信息系统中的数据错误或录入不全可能导致结算资料的数据不准确，使得结算结果不可信，影响项目决策和成本分析的准确性。

2. 结算流程延误

不完善的管理信息系统可能导致结算流程的延误。如果数据录入不全或存在错误，结算人员可能需要花费大量时间来核对和修正数据，使得结算工作的进度被拖慢。

3. 缺乏即时数据支持

在项目经济管理中，及时准确的数据支持是至关重要的。若管理信息系统功能不完备，可能导致结算人员无法及时获取需要的数据，影响项目经济管理决策的及时性和准确性。

（三）管理信息系统不完善的原因

1. 系统设计不合理

管理信息系统可能存在设计缺陷，未能充分满足项目经济管理的需要，或者界面不友好，难以使用和操作。

2. 系统技术落后

一些管理信息系统可能使用了过时的技术，导致系统性能低下，容易出现错误和故障。

3. 管理信息系统的投入不足

项目管理方可能在购买和维护管理信息系统时投入不足，导致系统无法得到及时更新和升级，影响系统的完善性和功能性。

（四）案例分析

某工程项目使用了一个管理信息系统来进行项目经济管理，然而系统的设计较为复杂，需要录入大量的数据。由于使用人员没有接受过系统操作培训，在录入数据时出现了许多错误，输入了错误的工程量清单数据和材料采购信息。由于系统并未设置有效的数据校验机制，这些错误的数据没有及时被发现。在结算阶段，项目管理团队发现结算资料中的数据与实际情况存在严重偏差，导致结算结果不准确。经过排查，发现这是由于管理信息系统的设计复杂，使用人员缺乏操作经验，系统中缺乏数据校验等原因造成的。这样的问题使得结算工作耽误了大量时间，同时也使得项目管理团队对系统的可靠性产生了质疑。

第六节　工程项目成本管理效能低

新时期工程项目经济管理中，工程项目成本管理效能低是一个亟须解决的问题。主要表现在以下几个方面：

一、成本控制不严格

成本控制是工程项目经济管理中至关重要的环节，它直接关系到项目的盈亏和经济效益。然而，在一些项目中，成本控制并不严格，可能由于以下原因：

（一）项目管理人员缺乏成本管理知识

在工程项目中，项目管理人员的专业知识和技能对于项目的顺利实施和成本控制至关重要。然而，一些项目管理人员可能对成本管理知识了解不足，缺乏相关培训和学习，导致在成本控制方面表现不尽如人意。

例如，在某建筑项目中，项目经理在成本控制方面缺乏相关经验和知识。在施工过程中，他未能对材料采购和施工进度进行有效协调，导致材料采购时间不当，进度延误，材料价格上涨。这些问题最终导致了项目成本的增加，超出了原先的预算。

为解决这一问题，项目管理团队可以通过培训和学习，提高项目管理人员的成本管理意识和技能。制订完善的培训计划，让项目管理人员了解成本管理的基本原理和方法，并实际应用于项目中，提高成本控制的效率和准确性。

（二）缺乏成本控制的监测手段

有效的成本控制需要对项目成本进行及时监测和调整。然而，一些项目可能没有建立完善的成本监测体系，缺乏成本控制的有效手段，导致项目成本管理不够精准。

举例来说，某能源项目在实施过程中，缺乏成本监测体系，项目管理人员无法实时掌握项目的成本情况。由于项目中涉及大量的设备采购和人员配置，成本动态的掌握不及时导致了设备采购价格波动和人员成本增加等问题，这些问题最终导致项目成本超出预算，经济效益受到影响。

为改善这一情况，项目管理团队应建立完善的成本监测体系，包括建立成本台账和成本数据记录，实时更新项目的成本情况。同时，采用成本管理软件等工具，提高成本数据的汇总和分析效率，确保项目成本得到及时的监测和调整。

（三）成本控制意识不强

成本控制意识是项目管理人员在实施项目过程中对成本管理重要性的认知和重视程度。若项目管理人员对成本控制的意识不强，可能导致项目在成本控制方面表现不佳。

例如，在某基础设施项目中，项目管理团队缺乏对成本控制的教育和宣导，导致项目经理对成本控制意识较低。在项目实施过程中，项目经理未能对项目的成本进行全面监测，导致某些费用未能及时掌握，最终影响了项目的经济效益。

为增强成本控制意识，项目管理团队可以采取多种措施。例如，定期组织成本控制相关培训和讨论会，让项目管理人员深入了解成本控制的重要性和方法。此外，制定成本控制奖励制度，鼓励项目管理人员在成本控制方面取得优异成绩，促进成本控制意识的形成和强化。

（四）案例分析

某水利工程项目在实施过程中出现了成本控制不严格的问题。项目管理团队对成本控制的意识较弱，导致项目经理对成本的监测不及时，项目成本动态缺乏及时掌握。在施工阶段，由于对材料采购和施工进度的协调不力，导致材料采购周期延长，材料价格上涨，进而导致项目成本超出预算。此外，由于项目管理团队缺乏成本管理知识和技能，未能有效地进行成本控制，导致项目的人员配置和资源利用不够精确，进一步增加了项目的成本。

二、成本预算不合理

成本预算是项目经济管理的基础，它为项目提供了资金支持和经济决策依据。然而，一些项目在成本预算阶段可能存在以下问题：

（一）数据估算不准确

在项目预算编制阶段，准确的数据估算是成本预算合理性的基础。然而，一些项目可能由于对市场价格、材料采购等关键数据估算不准确，导致预算与实际情况存在明显偏差。例如，在某个房地产项目中，预算编制时未能准确估算土地购买成本和建筑材料价格，导致最终项目成本超出预算，影响了项目的经济效益。

（二）风险评估不全面

项目经济管理中，风险评估是至关重要的环节。然而，有些项目在成本预算阶段可能未充分考虑各种潜在风险因素，如市场价格波动、自然灾害等。这导致项目预算在面对实际情况的变化时无法有效应对，从而影响项目的经济效益。例如，在某个基础设施建设项目中，未考虑到可能出现的自然灾害风险，导致项目在施工过程中遭受自然灾害影响，损失增加，经济效益受到严重影响。

（三）成本估算不充分

有些项目为了追求成本的压缩，可能在预算编制阶段对成本进行过度压缩，不给予合理的资源配置。这导致项目在实际施工中可能面临人员不足、材料短缺等问题，进而影响了项目的质量和进度。例如，在某个工程项目中，为了降低成本，项目经理在预算阶段减少了施工人员数量，导致项目实施过程中施工进度延误，影响了项目的交付时间和经济效益。

（四）预算与项目目标不匹配

有些项目在预算编制时可能没有充分考虑项目的实际目标和需求，导致预算与项目实际情况不匹配。例如，在某个科技创新项目中，由于预算编制时未充分考虑研发设备的需求，导致后期需要额外筹措资金购买设备，影响了项目的经济效益和进度。

（五）案例分析

某建筑项目在预算阶段对材料采购价格进行估算时，没有充分考虑市场价格的波动，导致预算中对材料价格估计过低。在实际施工中，由于材料价格上涨，导致项目成本超出预算，需要额外筹措资金，影响了项目的资金安排和经济效益。此外，由于在预算阶段未充分考虑施工期间可能出现的自然灾害等风险，项目在施工过程中遭受自然灾害，导致损失增加，项目经济效益下降。这些问题表明成本预算不合理会影响项目经济管理的稳定性和可持续性。

三、成本分析不及时

成本分析是对项目成本的详细研究和评估，它为项目管理人员提供了重要的决策依据。然而，一些项目可能存在成本分析不及时的情况，主要表现在以下方面：

（一）缺乏专业人员进行成本分析

成本分析需要专业知识和技能，但有些项目可能缺乏专业的经济分析师或成本控制专员，导致成本数据的准确性和全面性无法得到保证。

（二）成本分析手段不先进

随着信息技术的发展，成本分析手段不断更新，例如利用成本管理软件进行数据分析和报表生成。但一些项目可能仍然采用传统的手工方式进行成本分析，效率较低，且易出现错误。

（三）成本数据获取滞后

成本数据的及时性对于成本分析至关重要。然而，一些项目可能由于数据采集和整理工作的滞后，导致成本数据的获取不及时，影响了成本分析的精准性。

（四）案例分析

某项目在施工过程中未配备专业的成本控制专员，导致项目成本分析不及时。在施工过程中，项目经理需要手动整理成本数据并进行分析，由于工作烦琐，可能导致成本数据的更新滞后。在项目末期，项目经理才获得了最终的成本数据，然而这时已经无法及时采取有效措施，导致项目成本超出预算，经济效益较差。

四、成本核算不完整

成本核算是对项目成本的实际发生情况进行记录和统计，它是成本控制和分析的基础。然而，一些项目可能存在成本核算不完整的情况，主要体现在以下方面：

（一）资料不完整或缺失

成本核算需要相关资料的支持，例如材料采购凭证、劳务工资单等，但有些项目由于资料整理不规范或缺乏完善的档案管理，导致核算资料不全。

1. 资料不完整或缺失是导致工程项目成本核算不准确的常见问题

成本核算需要相关资料的完整支持，包括工程量清单、材料采购凭证、劳务工资单、工程变更单等。然而，在一些项目中，由于资料整理不规范或缺乏完善的档案管理，导致核算资料不全，从而影响了成本核算的准确性和及时性。

（1）资料整理不规范。一些项目可能没有建立规范的档案管理制度和资料整理流程，导致成本核算所需的相关资料散乱、混乱。例如，施工单位在项目实施过程中产生的各类凭证和记录可能没有按规定进行归档，使得核算时无法及时找到所需资料。

（2）缺乏专人负责资料整理。在一些项目中，可能没有专门负责资料整理和归档的人员，资料整理工作由项目管理人员兼任，导致工作繁忙时容易出现疏漏，影像资料的完整性。此外，缺乏专人负责资料整理也可能导致资料归档不及时，使得核算所需的资料无法及时提供。

（3）资料丢失或遗失。由于资料整理不规范或存储方式不当，一些项目可能出现资料丢失或遗失的情况。例如，重要的材料采购凭证或劳务工资单可能因为管理不善或意外事件而丢失，导致核算资料不完整。

2. 资料录入错误

在进行成本核算时，可能需要将资料录入到系统中进行统计和分析。如果资料录入过程中出现错误，例如数字录入错误或遗漏某些数据，都会影响核算结果的准确性。

影响成本核算的资料不完整或缺失可能会导致以下问题：

（1）成本计算不准确。缺乏完整的核算资料，项目管理人员在进行成本计算时可能只能凭经验估算或做出一些假设性的处理，从而使得成本计算结果不够准确。

（2）无法发现成本异常。成本核算所依据的资料反映了项目实际的成本情况，如果资料不完整，项目管理人员可能无法及时发现成本异常或异常变化，错失了采取措施的时机。

（3）影响决策。成本核算是项目经济管理的重要依据，缺乏完整的核算资料可能导致项目管理人员在做出经济决策时缺乏充分的依据，影响决策的科学性和准确性。

（4）项目风险增加。由于资料不完整或缺失，项目管理人员在进行成本核算时可能无法全面把握项目的经济状况，从而增加了项目的经济风险。

（二）核算方式不当

不同项目可能采用不同的成本核算方式，如作业成本法、完工成本法等。然而，一些项目可能选择不适合的核算方式，导致核算数据的准确性受到影响。

1. 缺乏对不同核算方式的了解

项目管理人员可能对不同的核算方式了解不足，不清楚各种核算方式的适用范围和特点，因此在选择核算方式时随意决定，忽略了核算方式的选择与项目特性相匹配的原则。

2. 项目特性不匹配

不同的核算方式适用于不同类型的项目。例如，作业成本法适用于生产性项目，完工成本法适用于承包性项目。如果项目管理人员未根据项目的特性来选择适合的核算方式，可能导致核算数据的准确性受到影响。

3. 数据不全或不适用

一些核算方式需要特定的数据支持，如果项目管理人员未能及时收集到必要的数据或者数据不适用于所选的核算方式，可能导致核算结果出现错误或不准确。

4. 成本分配不当

某些核算方式需要对成本进行适当的分配，如作业成本法需要对项目成本进行作业成本单元的分配。如果成本分配不当，可能使得核算数据失去准确性。

5. 操作不规范

即使选择了适合的核算方式，如果操作不规范，也可能导致核算数据的准确性受到影响。例如，在使用完工成本法进行核算时，如果对工程完工时间的不确定，将会影响最终的核算结果。

6. 案例分析

某工程项目在进行成本核算时选择了不当的核算方式。该项目是一个承包性项目，但项目管理人员却采用了作业成本法进行核算，忽略了核算方式与项目特性的匹配。由于作业成本法适用于生产性项目，要求对成本进行作业成本单元的分配，而该项目并未设定相应的作业成本单元，导致成本分配不当，最终影响了核算数据的准确性。如果选择了适合的完工成本法，根据项目的实际情况进行成本分配，可能会得到更准确的核算结果。

（三）未纳入全部成本

成本核算应涵盖项目的全部成本，包括直接成本和间接成本。但有些项目可能未能全面纳入所有成本，如管理费用、税费等，导致核算结果不够准确。

1. 管理费用未完全纳入

管理费用是指项目管理和组织所需的费用，包括项目管理人员的薪资、办公费用、差旅费等。有些项目可能在核算过程中只注重直接成本，忽略了管理费用的纳入，导致项目实际成本被低估。

2. 税费未考虑

税费是工程项目成本中不可忽视的部分，但有些项目可能未将税费纳入成本核算中，导致最终的核算结果与实际情况相符度降低。

3. 非直接成本未计入

除了直接成本，工程项目还包括许多间接成本，如管理费用、保险费用、融资费用等。如果项目未将这些非直接成本计入核算，将导致项目成本分析不全面。

4. 预算不足

一些项目在编制预算时可能未充分考虑到所有的成本项目，导致预算不足以覆盖全部成本，最终导致核算结果不准确。

5. 数据不全或不及时

成本核算需要大量的数据支持，如果项目管理人员未能及时收集到全部所需数据或数据不全，将影响成本核算的准确性和全面性。

6. 案例分析

某项目在进行成本核算时，只将直接成本纳入核算范围，而未将管理费用、税费等间接成本计入，导致核算结果偏低。实际上，该项目的管理费用和税费较高，但由于未纳入核算范围，最终导致项目的成本分析不全面，无法全面了解项目的实际成本情况。

第三章　新时期工程项目经济管理工作的内涵

第一节　新时期工程项目经济管理的概念

新时期工程项目经济管理是指在当前社会经济背景下，对工程项目进行经济决策、成本控制、投资分析和资金管理等一系列管理活动的系统性、科学性和综合性过程。随着社会的不断发展和经济全球化的趋势，工程项目的规模和复杂性不断增加，对项目经济管理提出了更高要求。新时期工程项目经济管理旨在通过合理的经济决策和有效的成本控制，实现项目的经济效益最大化，为社会经济的可持续发展作出贡献。

一、多元化经济决策

新时期工程项目经济管理涉及众多经济决策，包括项目投资决策、资金筹措决策、成本控制决策等，这些决策相互交织，相互影响，需要综合考虑各方面因素，制定科学合理的决策方案。

（一）项目投资估算

项目投资估算是工程项目经济管理中的重要环节，它涉及对项目各项费用进行合理估算和预测。在新时期，项目投资估算要面对市场价格波动、物资供需状况等不确定性因素，需要采用多种估算方法，如比较估算法、参数估算法等，以提高估算的准确性。

1. 费用组成

项目投资估算需要涵盖各项费用，包括直接费用和间接费用。直接费用包括工程建设费用、设备采购费用、人工成本等；间接费用包括管理费用、税费、利息等。对各项费用进行细致地拆分和估算，确保估算结果的准确性。

2. 不确定性因素

在新时期，项目投资估算要面对市场价格波动、物资供需状况等不确定性因素。为了应对这些不确定性，可以采用多种估算方法，如比较估算法、参数估算法、专家咨询法等，以提高估算的准确性和可靠性。

3. 数据来源

项目投资估算所依据的数据来源应该具有可靠性和权威性。可以通过市场调研、历史数据分析、专家意见等多种途径来收集项目所需数据，确保估算的基础充分可靠。

4. 风险分析

项目投资估算需要对可能的风险因素进行分析，并进行风险评估。这样可以在估算结果中考虑到风险因素的影响，为项目的风险管理提供参考。

5. 阶段性估算

在项目执行的不同阶段，投资估算需要根据项目进展情况进行修正和调整。随着项目的推进，对估算结果进行实际核算，及时更新估算数据，确保项目投资估算的准确性和及时性。

在估算过程中，需要全面考虑各项费用和不确定性因素，并采用科学合理的估算方法，确保估算结果的准确性和可靠性。同时，随着项目的进展，需要对估算数据进行动态更新和调整，以保持估算结果的有效性。

（二）投资风险评估

工程项目面临着各种不确定性因素和风险，这些风险可能对项目的经济效益产生影响。因此，进行全面的投资风险评估是确保项目成功实施和经济效益最大化的关键步骤。

投资风险评估的主要目标是识别和评估项目面临的各类风险，包括但不限于以下几种：

1. 市场风险

市场风险是指市场需求波动、竞争加剧等因素对项目的影响。在投资风险评估中，需要对项目所处地市场环境进行深入分析，了解市场潜在需求和市场竞争情况，评估市场风险对项目的影响。

2. 政策风险

政策风险是指政府政策变化对项目的影响。政策风险包括宏观经济政策、行业政策等，需要对政策变化进行预测和评估，确保项目能够适应政策环境的变化。

3. 技术风险

技术风险是指项目所涉及的技术可行性和技术创新的风险。在投资风险评估中，需要对项目所使用的技术进行评估，了解技术风险对项目的影响。

4. 财务风险

财务风险是指项目资金筹措、资金利用和财务状况等方面的风险。在投资风险评估中，需要对项目的财务情况进行评估，确保项目能够按时获得资金，并合理利用资金。

5. 环境风险

环境风险是指项目对环境产生的影响和项目受到的环境约束。在投资风险评估中，需要对项目的环境影响进行评估，确保项目符合环境法规和标准。

针对这些风险，项目经济管理团队可以采取一系列风险管理措施，以降低项目投资的风险。例如，可以通过合理的市场调研和竞争分析，减少市场风险；制定灵活的项目方案，适应政策环境的变化，降低政策风险；加强技术研发和创新，减少技术风险等。

总体而言，投资风险评估是项目经济管理中的重要环节，通过对项目面临的风险进行全面的识别和评估，可以制定出科学合理的风险管理策略，确保项目的成功实施和经济效益的最大化。

（三）投资方案优选

优选最合适的投资方案需要综合考虑多个因素，包括经济指标、风险评估、社会效益等，以确保项目的经济效益最大化，同时降低项目的风险和不确定性。以下是一些常用的方法和步骤：

1. 确定评估指标

需要明确用于评估投资方案的指标，例如投资回报率、净现值、内部收益率、投资回收期等经济指标，以及社会效益指标和风险评估指标。

2. 设定权重

对于不同的评估指标，需要设定相应的权重，以反映其在决策中的重要性。不同的投资方案对应的指标得分将乘以相应的权重后进行综合评估。

3. 构建评估模型

根据确定的评估指标和权重，构建投资方案评估模型。可以使用办公软件等工具建立模型，或者采用专业的决策支持系统（Decision Support System，DSS）进行综合评估和优选。

4. 收集数据

为了进行评估，需要收集项目相关的数据，包括投资金额、预期收益、风险评估数据等。这些数据将用于填充评估模型，并对不同方案进行比较。

5. 进行评估和对比

利用评估模型，对各个投资方案进行综合评估和对比。通过计算得到各个方案的综合得分，进而对比它们的经济效益和风险。

6. 选择最优方案

根据评估结果，选择得分最高、经济效益最好且风险较低的投资方案作为最优方案。同时，也可以对评估模型进行敏感性分析，以了解各个指标对最终结果的影响程度。

7. 决策实施

在选择最优方案后，需要对该方案进行进一步地论证和细化，制定详细的实施计划，并进行决策实施。在实施过程中，需要密切监控项目的进展，及时调整策略，确保项目的成功实施。

总体而言，投资方案优选是一个综合性的决策过程，需要充分考虑多个因素，并运用科学的评估模型和决策方法进行综合评估和对比，从而选择最优的投资方案，为工程项目的顺利实施和经济效益的最大化提供有力支持。

二、高度专业化和技术化

新时期工程项目经济管理需要相关专业人员具备扎实的经济学和管理学知识，同时掌握现代信息技术手段，以应对复杂多变的经济环境和管理需求。

（一）专业知识要求

1. 经济学知识

在工程项目经济管理工作中，扎实的经济学知识是非常重要的。首先，宏观经济学的知识可以帮助专业人员了解整体经济环境对工程项目的影响。宏观经济学研究国民经济整体运行的规律，包括国内生产总值（GDP）、通货膨胀率、利率水平等指标。项目经济管理人员需要密切关注宏观经济的波动，以及相关政策的调整，因为这些都会对项目的投资环境和市场需求产生影响。

其次，微观经济学的知识对于了解市场供求关系和行业竞争状况至关重要。微观经济学研究个体经济单位的决策行为，包括企业的生产决策、价格决策等。项目经济管理人员需要了解项目所处行业的市场结构、竞争格局，以及市场需求的变化趋势，以便制定适应性强的投资决策和经营策略。

此外，产业经济学的知识也有助于项目经济管理人员对特定行业的发展趋势和竞争格局进行深入分析。产业经济学研究不同产业之间的相互作用和影响，帮助理解工程项目在特定产业中的地位和机遇。

例如：假设一个能源公司计划投资建设一座风电项目。在项目前期准备阶段，经济学知识的应用起到至关重要的作用。宏观经济学知识帮助相关人员了解国家的能源政策和环保政策，这些政策的调整可能会对风电项目的市场需求产生影响。微观经济学知识将帮助相关人员分析风电行业的竞争状况和市场份额，以便制订合理的定价策略和市场推广计划。产业经济学知识则能够帮助相关人员评估风电项目在整个能源行业中的地位和前景，以及与其他能源项目的竞争关系。

2. 管理学知识

管理学是工程项目经济管理工作的基础，它涵盖了一系列管理原理和技能，用于规划、组织、指导和控制项目的实施过程。对于专业人员而言，掌握管理学知识有助于提高项目管理的效率和效果。

项目经济管理中的管理学知识包括以下方面：

1. 项目管理理论

了解项目管理的基本原理和流程，包括项目启动、规划、执行、监控和收尾等阶段的管理方法。

2. 组织与协调

学习如何合理组织项目团队，分配任务和资源，确保团队成员的协调配合，以实现项目目标。

3. 管理与沟通

学习有效地管理和沟通技巧，建立良好的沟通机制，促进项目团队之间的交流和合作。

4. 决策与风险管理

学习决策理论和方法，对项目进行风险评估和管理，以应对不确定性和风险。

例如：建筑公司计划投资建设一座大型住宅小区项目。在项目实施过程中，管理学知识的应用将对项目的成功实施起到关键作用。在这个例子中，管理学知识将帮助该建筑公司有效地组织和管理项目的各项工作。首先，项目经济管理工作需要进行项目规划，制订详细的项目计划，明确项目的目标、范围、时间和资源需求。管理学知识将帮助相关人员设计合理的项目组织结构，明确各个团队成员的职责和任务，确保项目团队的有效协作和资源的合理配置。

（二）信息技术手段应用

1. 数据分析软件

数据分析软件在工程项目经济管理中扮演着重要角色。这些软件能够帮助专业人员对大量的项目数据进行整理、加工和分析，从而提取有价值的信息并做出科学决策。举例来说，表格 Excel 是一款广泛使用的数据分析工具，它可以进行数据排序、筛选、计算、绘图等操作，帮助项目经济管理团队更好地理解项目数据。

2. 成本管理软件

成本管理软件对于项目经济管理来说至关重要。这些软件可以帮助专业人员进行项目成本的预算、控制和核算。例如，Primavera 是一款功能强大的项目管理软件，它可以帮助项目团队制定详细的成本预算，实时监控项目的成本情况，及时发现并解决成本超支的问题，从而保障项目经济效益的实现。

3. 项目管理软件

项目管理软件是工程项目经济管理中不可或缺的工具。这些软件可以帮助专业人员进行项目的规划、组织、指导和控制。例如，Microsoft Project 是一款广泛应用的项目管理软件，它可以帮助项目经济管理团队制订详细的项目进度计划，合理调配资源，及时监测项目进展，并在项目出现延误或问题时做出相应调整，确保项目按计划进行。

（三）多领域交叉应用

1. 经济学与工程技术交叉

在工程项目经济管理中，经济学与工程技术的交叉应用非常重要。经济学的理论和方法可以用于项目的经济效益评估，包括净现值、投资回报率等指标的计算。同时，经济学的供求理论和市场分析可以帮助预测项目所处行业的市场需求情况，为项目定位和市场定位提供参考。

工程技术方面，专业人员需要了解项目的技术要求和实施过程，以便在经济评估中考虑项目的技术可行性。例如，某新能源项目在经济评估中需要考虑技术上的成熟度和风险，以及技术的持续改进和成本降低效应。只有将经济学与工程技术相结合，项目经济管理团队才能做出全面且合理的决策，确保项目的经济效益最大化。

2. 管理学与人力资源交叉

管理学是工程项目经济管理中必不可少的一部分。项目经济管理涉及项目的规划、组织、指导、控制等一系列管理活动，需要运用管理学的理论和方法。在人力资源管理方面，专业人员需要了解管理学中的相关理论，如领导理论、激励理论、团队建设等，以提高人员工作效率和满意度。

例如，项目经济管理团队需要进行项目进度的管理，合理安排人员的工作任务和时间，并建立有效的沟通机制，以确保项目各个阶段的顺利推进。同时，项目经济管理团队还需要关注人员的培训和发展，提供必要的技能和知识培训，以提高团队整体素质和项目绩效。

3. 信息技术与决策支持交叉

信息技术的应用为工程项目经济管理提供了强大的决策支持。专业人员需要将信息技术与经济决策相结合，进行数据分析和决策模型的建立，以提高决策的科学性和准确性。信息技术可以帮助项目经济管理团队处理大量的项目数据，从中提取有价值的信息，为决策者提供数据支持。

举例来说，某工程项目经济管理团队使用数据分析软件对项目的投资回报率进行敏感性分析，模拟不同的市场情况和成本变化，以评估不同风险情景下的项目经济效益。同时，信息技术还可以帮助建立决策支持系统，对项目进行全面的经济评估和风险管理，为项目决策提供科学依据。

经济学、管理学和信息技术在工程项目经济管理中具有广泛的应用，它们相互交叉，共同为项目经济管理提供强有力的支持和保障。只有将多领域知识融会贯通，项目经济管理团队才能更好地应对复杂多变的市场环境和技术挑战，做出明智的决策，实现项目的经济效益最大化。

三、环境因素影响

新时期工程项目经济管理需要考虑环境因素对项目经济的影响，包括市场竞争、政策法规、自然灾害等，这些因素会对项目经济效益产生重要影响。

（一）市场竞争的影响

1. 行业竞争格局

工程项目经济管理需要关注所处行业的竞争格局。如果所在行业竞争激烈，市场份额难以稳固，项目可能面临价格压力和盈利能力下降的问题。因此，项目经济管理人员需要在投资决策阶段充分评估行业竞争情况，选择具有竞争优势的项目。

2. 供需关系

市场供需关系的变化直接影响项目经济效益。在供过于求的市场环境中，项目可能面临产品价格下降和销售困难的问题；而在需求旺盛的市场环境中，项目可能面临物资价格上涨和生产周期延长等问题。因此，项目经济管理人员需要密切关注市场供需动态，灵活应对市场变化。

3. 新技术与创新

新技术和创新对于项目经济效益的提升至关重要。采用先进的技术和工艺，可以提高项目生产效率和质量，降低成本，增强市场竞争力。因此，项目经济管理人员需要关注新技术的应用和创新，确保项目在技术层面处于领先地位。

（二）政策法规的影响

1. 宏观政策影响

宏观经济政策对于工程项目经济管理有重要影响。例如，货币政策的调控会影响项目的融资成本和资金供给，财政政策的调整会影响项目的税收和补贴政策。因此，项目经济管理人员需要密切关注宏观政策动态，及时调整工程项目的经济决策。

2. 地方政策影响

地方政策对于工程项目的规划和实施也有重要影响。不同地区可能对项目的扶持力度、土地使用政策、产业导向等有不同的规定。项目经济管理人员需要了解并遵守当地政策法规，确保项目合法稳健地运营。

3. 环保和安全法规

环保和安全法规对于工程项目的经济管理至关重要。违反环保法规可能导致环保罚款和项目停工，而违反安全法规可能导致事故发生并追究责任。项目经济管理人员需要将环保和安全纳入工程项目经济管理考虑范围，遵守相关法规，保障项目的可持续发展。

（三）自然灾害的影响

1. 自然灾害的风险评估

自然灾害是工程项目经济管理中不可忽视的风险因素。项目经济管理人员需要对项目所处地区的自然灾害风险进行评估，包括地震、洪水、台风等。在投资决策阶段，需要考虑自然灾害风险对项目经济的影响，选择合适的风险管理措施。

2. 灾后恢复和保险安排

工程项目经济管理需要考虑自然灾害发生后的灾后恢复和保险安排。在项目实施过程中，需要合理规划项目的保险方案，覆盖项目的损失范围，并建立灾后恢复预案，以减少灾害对项目经济造成的影响。

3. 灾害应急响应

在项目实施过程中，面对突发自然灾害，项目经济管理人员需要建立灾害应急响应机制。这包括对项目所在地区灾害风险的监测和预警，及时采取措施减少灾害对项目的影响。同时，还需要与相关救援和应急部门建立合作机制，以确保项目在灾害发生时能够及时响应和应对，最大程度地降低灾害带来的损失。

四、强调可持续发展

在新时期，工程项目经济管理不仅要追求短期经济效益，更要注重项目的可持续发展，考虑社会、环境和经济的协调发展，实现经济效益和社会效益的统一。

（一）可持续发展的重要性

1. 可持续发展的概念与背景

随着社会经济的不断发展和资源环境压力的日益增大，可持续发展成为全球共识。可持续发展强调在满足当前需求的同时，不损害满足未来世代需求的能力，实现经济、社会和环境的协调发展。工程项目作为社会经济发展的重要组成部分，也需要积极践行可持续发展理念。

2. 可持续发展对工程项目经济管理的意义

可持续发展不仅关乎整个社会的未来，也直接关系到工程项目的长期稳定发展。在工程项目经济管理中，强调可持续发展有以下几个重要意义：

（1）提高经济效益与社会效益的统一

可持续发展要求在经济效益的追求中，兼顾社会效益，确保经济增长与社会效益相互促进。工程项目经济管理需要综合考虑项目对社会的影响，促进资源的合理利用，提高项目的经济效益与社会效益的统一。

（2）保护环境，减少对生态的破坏

工程项目往往涉及土地开发、自然资源利用等，如果不合理规划和管理，可能对生态环境造成破坏。可持续发展要求工程项目在经济发展的同时，积极保护生态环境，减少对环境的不良影响，实现环境与经济的和谐发展。

（3）推动绿色技术与创新

可持续发展鼓励绿色技术与创新的应用，以降低资源消耗和环境污染。工程项目经济管理需要推动先进的绿色技术在项目中的应用，促进绿色产业的发展，推动经济结构转型升级。

（4）增强项目抗风险能力

考虑可持续发展因素可以帮助工程项目增强对外部风险的应对能力。面对不断变化的社会经济环境和自然环境，项目经济管理人员需要灵活应对，制定可持续发展的经济管理策略，降低项目发展过程中面临的风险和不确定性。

（二）可持续发展在工程项目经济管理中的体现

1. 可持续发展目标的确立

在新时期的工程项目经济管理中，项目管理团队需要明确可持续发展目标，将可持续发展理念纳入项目的整体规划和决策中。项目的目标不仅要包括经济效益的实现，还要考虑社会效益和环境效益，确保项目在满足当前需求的同时，不损害未来世代的利益。

2. 环境影响评价与风险评估

工程项目在前期规划阶段需要进行环境影响评价和风险评估，综合考虑项目对自然环境和社会环境的影响，以及项目所面临的各类风险。评估结果将为项目决策提供重要依据，确保项目在规划阶段就能充分考虑可持续发展因素。

3. 绿色技术的应用

在新时期，绿色技术的应用已经成为工程项目的重要趋势。项目经济管理人员需要积极推动绿色技术在项目中的应用，例如节能环保技术、可再生能源技术等，以降低项目对资源的消耗，减少对环境的污染，实现可持续发展目标。

4. 社会责任的履行

工程项目不仅是经济活动，还是社会活动。在项目经济管理中，项目管理团队需要积极履行社会责任，关注员工福利、社会公益和文化传承等方面的需求，推动项目与社会的和谐发展。例如，项目经济管理人员可以采取一系列措施，如合理制定员工福利制度，支持当地社区的发展项目，参与公益活动等，以回馈社会，增强项目的社会影响力和可持续发展性。

5. 精细化成本管理

在新时期工程项目经济管理中，精细化成本管理是实现可持续发展的重要手段。项目经济管理人员需要对项目成本进行全面、细致地管理和分析，以降低项目的成本，提高资源利用效率，从而实现经济效益和可持续发展目标的统一。

6. 可持续投资决策

可持续发展理念要求项目投资决策要长远考虑，综合考虑项目的经济、社会和环境效益。在工程项目经济管理中，项目投资决策需要综合评估项目的投资回报率、社会效益和环境效益，确保项目的投资决策符合可持续发展的要求。

7. 风险管理与适应性措施

考虑可持续发展因素的项目经济管理需要具备一定的风险管理能力。项目管理团队需要在项目实施过程中及时识别和评估可能出现的风险，制定相应的适应性措施，确保项目能够在不利因素影响下保持稳定发展。

五、数据化决策

新时期工程项目经济管理需要依靠大量数据支持，通过数据分析和决策模型，对项目的经济情况进行科学评估和预测，从而提高决策的准确性和科学性。

（一）数据化决策的意义与背景

1. 数据化决策的概念

数据化决策是指在工程项目经济管理中，利用大数据技术和数据分析方法，收集、整理、分析项目相关数据，以支持项目决策的过程。通过数据化决策，可以使项目决策更加科学、准确和高效。

2. 大数据时代的背景

随着信息技术的飞速发展，大数据时代已经到来。大数据技术的应用使得工程项目经济管理可以更加全面地获取和处理大规模的数据，这些数据包含了项目的各个方面信息，为决策提供了更多的参考依据。

（二）数据化决策在工程项目经济管理中的应用

1. 数据收集与整理

数据化决策的第一步是数据的收集与整理。工程项目经济管理人员可以利用信息技术手段，从各个渠道收集项目相关数据，包括项目成本、进度、质量等方面的数据，并对数据进行整理和清洗，以确保数据的准确性和完整性。

2. 数据分析与决策模型

收集到的数据可以通过数据分析方法进行深入挖掘和分析。工程项目经济管理人员可以利用数据分析工具和技术，对项目的经济情况进行模拟和预测，制定决策模型，帮助决策者更好地理解项目的运行状态和未来发展趋势。

3. 风险评估与预警

数据化决策可以帮助项目管理团队进行风险评估与预警。通过对历史数据和实时数据的分析，可以预判出项目可能面临的风险和隐患，并及时采取相应措施，降低项目风险，确保项目的稳定发展。

4. 成本控制与资源优化

数据化决策还可以帮助优化项目成本控制和资源配置。通过对成本数据的分析，可以找出成本过高或效率低下的环节，并采取相应措施进行优化，以提高项目的经济效益。

5. 经验积累与知识共享

通过数据化决策，工程项目经济管理团队可以将项目运行过程中积累的经验和知识进行总结和归纳，形成数据化的决策经验和知识库，为今后类似项目的决策提供有益参考。

第二节　新时期工程项目经济管理的步骤

一、经济评价

经济评价是新时期工程项目经济管理的关键步骤，它对项目经济效益进行全面评估和预测，为项目决策提供科学依据。经济评价需要对项目进行成本效益分析、投资回报率计算等，帮助决策者判断项目的经济可行性。

（一）成本效益分析

成本效益分析是经济评价的核心内容之一，它通过对项目的投资成本和预期收益进行比较，确定项目的经济效益。在进行成本效益分析时，需要将项目的各项成本包括建设投资、运营维护费用以及预期收益，如销售收入、节约成本等都进行综合考虑。这样可以帮助决策者全面了解项目的经济效益，从而做出明智的决策。例如，在建设一个新的工厂时，成本效益分析可以帮助判断该项目的投资是否值得，是否能够实现预期的收益。

（二）投资回报率计算

投资回报率是衡量项目投资收益性的重要指标，它反映了项目投资单位资金所带来的回报。计算投资回报率可以帮助决策者评估项目的投资回报情况，从而判断项目是否值得投资。投资回报率的计算公式为：

投资回报率 =（预期收益 - 投资成本）/ 投资成本 * 100%

例如，一个项目的投资成本为 100 万元，预期每年能带来 20 万元的收益，那么该项目的投资回报率为（20 万元 -100 元万）/ 100 万元 * 100% = -80%。这意味着该项目每投资一单位资金，预期会亏损 80%，因此决策者会认为这个项目不值得投资。

（三）案例分析

某能源公司计划投资建设一座新型水电站，进行经济评价时，经济评价团队对项目的成本效益进行了详细分析。通过净现值分析和投资回收期分析，确定了项目的投资回报率较高，投资回收期较短，经济效益良好。然而，由于项目可能受到政策风险和市场风险的影响，决策者决定进行敏感性分析，对项目的经济指标进行变动测试。结果显示，如果政府政策支持力度减弱或市场需求下降，项目的经济效益将受到一定影响。因此，为了应对这些风险，决策者制定了相应的风险管理措施，包括与政府签订支持协议，寻找多元化的电力销售渠道等，以确保项目的经济可行性。

二、投招标

投招标是新时期工程项目经济管理的关键环节，它涉及选择合适的承包商和供应商，确保项目能够按时、按质完成，从而实现经济效益的最大化。

（一）招标准备

在进行投招标前，项目经济管理团队需要做好充分的招标准备工作。首先，明确招标的范围和标的，确定需要招标的项目包括哪些工程或采购内容。其次，制定招标文件，包括招标公告、招标邀请函、技术规范、合同样本等，确保招标过程的透明度和规范性。再次，确定招标条件和要求，包括对投标人的资质要求、技术能力要求、财务实力要求等，以确保只有具备足够能力的供应商和承包商参与招标。最后，发布招标公告，向社会公开宣布项目招标信息，吸引潜在的投标人参与竞标。

（二）招标过程

招标过程中，项目经济管理团队需要对招标方案进行详细讨论和评审，确保方案的科学性和合理性。招标方案应该包括招标方式、招标范围、投标截止时间、评标方法、技术和商务要求等内容。同时，确定最终的招标方式，可以根据项目的性质和规模选择公开招标、邀请招标或者询价比选等方式。在招标过程中，还需要对参与投标的承包商和供应商进行资格审核，确保其具备相应的经验、技术能力和信誉，以保证项目的施工和供货能力。

（三）投标评审

在接收投标文件后，项目经济管理团队需要对投标文件进行评审，综合考虑价格、技术、进度等因素，选择最优质、最具竞争力的投标方案。评审过程中需要确保公平、公正、透明，不偏袒任何一方，避免出现不正当竞争行为。在评审中，项目经济管理团队可以设立专家评审组，由专业人员对投标方案进行评分和排名，最终确定中标单位。

（四）合同签订

确定承包商和供应商后，项目经济管理团队需要与其签订合同，明确各方责任和权利，确保项目的经济目标能够得到有效实现。合同应包括合同价格、工程或采购范围、质量要求、进度计划、付款方式、索赔条款等内容。合同签订后，承包商和供应商必须按合同规定履行义务，确保按时、按质完成工程或供应产品。合同管理还包括对合同履约过程进行监管，确保各方遵守合同，不出现违约行为。在合同履约过程中，可能会涉及一些变更或索赔的情况，项目经济管理团队需要对这些问题进行处理和协调，以保证项目经济目标的实现。

（五）案例分析

某建筑项目经济管理团队在进行投招标工作时，制定了招标文件，明确了工程项目范围、技术要求、招标条件等。项目经济管理团队采用公开招标的方式，邀请各相关承包商参与投标。经过严格的资格审核和投标评审，最终选定了一家具有丰富经验和优质技术的建筑公司。项目经济管理团队与该建筑公司签订了合同，明确了工程的工期、费用、质量要求等。在合同签订后，项目经济管理团队密切监管承包商的履约情况，确保工程按时、按质量完成。同时，如果在工程实施过程中出现了一些变更需求，项目经济管理团队会与承包商协商变更管理措施，确保变更过程合规，经济影响可控。

三、合同管理

合同管理是新时期工程项目经济管理的重要环节，它涉及对项目合同的执行和履约进行监督和管理，确保各方按照合同约定履行责任，维护项目的经济利益和合法权益。

（一）合同执行监督

合同执行监督是合同管理的核心内容之一，它确保项目各方按照合同约定的条件和规定履行合同义务。项目经济管理团队需要建立有效的监督机制，监测合同履约过程中的进展和执行情况。监督的重点包括合同进度、质量、费用等方面。在合同履约过程中，如果发现合同方存在违约行为或者执行情况不符合合同要求，项目经济管理团队需要及时采取措施，例如发出合同履约提醒函、进行谈判协商等，确保合同的有效执行。

（二）变更管理

在工程项目实施过程中，由于各种原因，可能会出现一些变更需求，例如项目范围变更、技术变更等。项目经济管理团队需要与合同方进行充分沟通，协商变更管理措施。变更管理需要保证变更过程的合规性和合法性，确保变更不会对项目的经济效益造成不利影响。在变更管理过程中，项目经济管理团队需要进行风险评估和经济分析，确定变更后的合同条款和费用，并与合同双方达成一致意见后，进行合同变更协议的签订，避免纠纷的发生。

（三）合同索赔管理

合同索赔是指合同各方因履约问题引起的争议而索赔。在合同管理过程中，可能会出现一些纠纷和争议，例如合同方未按时履约、合同违约等情况。项目经济管理团队需要及时处理合同索赔事宜，进行合理调解和解决。在处理索赔时，需要仔细核查合同条款，确保索赔的合理性和合法性。同时，项目经济管理团队需要与合同方进行充分沟通，寻求和解的途径，避免索赔问题扩大化，维护项目的经济利益和合法权益。

（四）风险防范

合同管理过程中，项目经济管理团队需要识别潜在的合同风险，并制定相应的防范措施。风险防范可以从合同签订的初期开始，例如对合同条款进行全面评估，尽量减少合同风险的发生。在合同履约过程中，项目经济管理团队需要保持与合同方的密切沟通，及时了解项目进展情况和可能出现的问题，以便及时采取措施进行风险控制。此外，项目经济管理团队还可以引入风险管理措施，例如引入合同履约保证金、建立监督评估机制等，以降低合同风险。

（五）案例分析

某能源项目的合同管理阶段，项目经济管理团队对承包商的合同执行情况进行了严格监督。他们定期对项目进度和质量进行抽查，并与承包商进行沟通，及时解决项目中出现的问题。在项目实施过程中，由于客户提出了一些变更需求，项目经济管理团队与承包商协商，制定了变更管理方案，明确了变更的范围和费用调整。在合同索赔方面，项目经济管理团队及时处理了由于项目延期引发的索赔事宜，并与承包商达成了合理的赔偿方案。通过合同管理，项目经济管理团队有效维护了项目的经济利益和合法权益。

四、融资管理

融资管理是新时期工程项目经济管理的重要内容，它涉及项目资金的筹措与管理，确保项目融资的稳定和高效，保障项目的顺利推进。

（一）资金筹措方案

资金筹措方案是融资管理的起点，它需要在项目启动阶段制定。在制定资金筹措方案时，项目经济管理团队需要充分考虑项目的投资规模、资金需求和资金来源等因素，选择合适的融资方式。常见的融资方式包括自有资金投入、银行贷款、发行债券、股权融资等。不同的融资方式具有不同的特点和风险，项目经济管理团队需要进行风险评估和成本分析，选择最优的资金筹措方案。

1.资金筹措方案的关键

（1）投资规模和资金需求

资金筹措方案的第一步是明确项目的投资规模和资金需求。项目经济管理团队需要对项目的建设规模、工期、技术要求等进行综合评估，确定项目所需的总投资金额。

（2）资金来源和融资方式

根据项目的资金需求，项目经济管理团队需要明确资金的来源和选择合适的融资方式。常见的融资方式包括自有资金投入、银行贷款、发行债券、股权融资等。不同的融资方式具有不同的特点和风险，项目经济管理团队需要进行风险评估和成本分析，选择最优的融资方式。

（3）风险评估和成本分析

在选择融资方式时，项目经济管理团队需要对各种融资方式的风险和成本进行评估和分析。例如，银行贷款可能会涉及利息支出，发行债券可能会面临债券评级和偿债压力，股权融资可能会导致股权结构调整等。项目经济管理团队需要综合考虑这些因素，选择最适合项目的融资方式。

（4）资金筹措时间和步骤

资金筹措方案还需要明确资金筹措的时间和具体步骤。项目经济管理团队需要制订详细的资金筹措计划，包括各个融资环节的具体时间安排和实施步骤，确保项目的资金需求得到及时满足。

（5）多元化融资

为降低融资风险，项目经济管理团队可以考虑多元化融资，即通过多种融资方式筹措资金。这样可以分散融资风险，提高项目融资的成功率。

2.举例说明

某大型基础设施建设项目的投资规模较大，总投资金额为10亿美元。项目经济管理团队制定了以下资金筹措方案：

（1）资金来源

总投资金额中，自有资金投入2亿美元，银行贷款6亿美元，发行债券2亿美元。

（2）融资方式

银行贷款采用联合融资模式，与多家银行合作，分期获得贷款。发行债券采用公开发行方式，面向资本市场进行募集。

（3）风险评估和成本分析

项目经济管理团队对银行贷款的利息支出和债券发行的评级成本进行了详细分析，确保融资成本在可控范围内。

（4）资金筹措时间表和步骤

项目经济管理团队制订了详细的资金筹措计划，包括与银行协商贷款条件、进行债券发行前的评级和准备工作等步骤。

（5）多元化融资

为降低融资风险，项目经济管理团队同时开展了多种融资方式，确保项目的融资需求得到满足。

通过以上资金筹措方案，该项目成功筹措到所需资金，顺利进行建设，实现了工程项目经济目标和社会效益的统一。

（二）融资申请审批

一旦资金筹措方案确定，项目经济管理团队需要向相关金融机构或投资者提出融资申请。融资申请需要提交详细的项目信息和经济分析报告，以便融资方对项目进行审批和评估。项目经济管理团队需要与融资方充分沟通，解答其关于项目的疑问，确保融资申请得到及时审批。

1. 资金需求确认

在制定资金筹措方案后，项目经济管理团队需要确认具体的资金需求，并准备相应的融资申请材料。融资申请所需的资金金额应与资金筹措方案中的数据相符。

2. 编制项目信息和经济分析报告

项目经济管理团队需要编制详细的项目信息和经济分析报告，以向融资方展示项目的可行性和潜在回报。项目信息报告通常包括项目的背景、目标、技术要求、市场前景等；经济分析报告则包括项目的投资回报率、财务指标、风险评估等。

3. 融资申请提交

完成项目信息和经济分析报告后，项目经济管理团队向相关金融机构或投资者提交融资申请。融资申请可以是书面文件，也可以是在线平台申请。

4. 沟通与解答

融资申请提交后，项目经济管理团队可能需要与融资方进行沟通，解答其关于项目的疑问。这包括项目的技术细节、市场前景、风险评估等方面的问题。通过充分地沟通，有助于融资方更好地了解项目，并加深对项目的认知。

5. 融资审批与评估

融资方会对项目进行审批和评估。审批过程可能涉及对项目的技术可行性、市场前景、管理团队等方面的综合评估。融资方还会对项目的风险进行评估，确保融资的安全性和可行性。

6. 审批结果

经过融资方的审批和评估，项目经济管理团队将收到融资审批的结果。审批结果可能是通过融资、拒绝融资，或者提出更改需求等。

7. 合同签订

如果融资申请获得通过，项目经济管理团队与融资方将签订融资合同，明确资金的使用条件、利率、还款方式等条款。

融资申请予审批是融资管理中的重要环节，项目经济管理团队需要细心准备融资申请材料，并与融资方保持积极沟通，确保融资申请得到及时审批。同时，项目经济管理团队还应对融资方提出的问题进行详细解答，以增加项目获得融资的机会。

（三）资金使用与管理

一旦融资成功，项目经济管理团队需要严格管理项目资金的使用。资金使用与管理涉及项目支出的控制和监督，以确保项目资金的合理利用和高效运作。项目经济管理团队需要建立有效的财务管理体系，包括预算编制和执行、支出审批制度等。此外，需要及时跟踪项目支出情况，防范项目资金的滥用和浪费，确保项目按计划推进。

1. 建立有效的财务管理体系

项目经济管理团队需要建立完善的财务管理体系，包括明确的财务流程和相关的责任人，确保项目资金的透明度和安全性。这意味着建立财务报告、审计和资金流向的监控机制，确保项目资金的来源和去向都能够得到准确记录和控制。

2. 预算编制和执行

项目经济管理团队应根据项目的实际需求和融资金额制定详细的预算。预算应涵盖项目的支出的计划和分配，确保项目的资金使用有条不紊。同时，项目预算也应充分考虑项目的变化和风险，做好预留资金用于应对突发情况。

3. 支出审批制度

建立支出审批制度，规定项目支出的决策流程和权限。在项目资金使用过程中，所有支出都必须经过合理的审批程序，确保支出的合法性和合理性。这将有助于防范不必要的支出和滥用资金的情况。

4. 资金监督和跟踪

项目经济管理团队需要实时监督和跟踪项目资金的使用情况。通过对项目支出的实时跟踪，可以及时发现和解决可能存在的资金浪费和滥用问题，确保项目资金的合理使用。

5. 成本控制

在项目实施过程中，项目经济管理团队需要对项目的各项支出进行控制。成本控制涉及对项目资源的合理配置和利用，确保项目的成本控制在合理范围内，从而降低项目的风险和提高经济效益。

6. 资金使用报告

定期向融资方和相关利益方提交资金使用报告，透明地展示项目资金的使用情况。这将增加合作伙伴对项目的信任，有助于维护项目的良好合作关系。

7. 风险管理

项目经济管理团队需要预留一定的资金用于应对可能出现的不确定性和风险。风险管理涉及对项目可能面临的风险进行评估和预警，并制定相应的防范措施，以确保项目的顺利推进。

通过以上措施，项目经济管理团队能够有效管理项目资金，确保资金的合理配置和高效使用，从而保障项目按计划顺利推进并实现经济目标。同时，良好的资金使用与管理也是提高项目经济效益和可持续发展的关键。

（四）资金回收与偿还

在项目实施过程中，项目经济管理团队需要确保项目产生经济效益，以便按照约定时间和方式偿还融资方的本金和利息。资金回收与偿还是维护良好的信用记录和信誉的关键。项目经济管理团队需要制订偿债计划，合理安排资金回收和偿还的时间和金额，确保按时足额完成偿还义务。

1. 偿债计划的制订

在项目融资成功后，项目经济管理团队需要制订详细的偿债计划。偿债计划应考虑项目的预期收入、资金流动性、项目进度等因素，合理安排资金回收和偿还的时间和金额，确保按时足额完成偿还义务。

2. 项目经济效益的提高

为保证资金回收与偿还的顺利进行，项目经济管理团队需要着力提高项目的经济效益。这可以通过项目管理的优化，成本控制的加强，资源的合理配置等方式实现。只有项目能够产生足够的经济效益，才能确保项目具备偿还融资的能力。

3. 资金监控与跟踪

项目经济管理团队需要实时监控和跟踪项目的资金流动情况。及时掌握项目的收支状况，预警可能出现的资金压力，做好偿还的准备。通过及时地资金监控，可以有效避免资金周转不畅和支付能力不足的问题。

4. 资金保障措施

为确保项目能够按时偿还融资，项目经济管理团队可以采取一些资金保障措施，如设立专项资金账户，将项目收入专款专用，确保资金不被滥用或挪用。

5. 风险应对措施

项目经济管理团队需要做好风险应对工作，制定应对不利经济情况的预案。例如，假设项目遇到市场波动或资金短缺的情况，应提前与融资方进行沟通，制定灵活的资金偿还方案。

6. 沟通与协调

在资金回收与偿还的过程中，项目经济管理团队需要与融资方保持良好的沟通与协调。及时向融资方汇报项目进展和资金使用情况，增强融资方对项目的信任和支持。

通过以上措施的综合应用，项目经济管理团队能够有效地进行资金回收与偿还管理，保障项目按时足额完成偿还义务，维护良好的信用记录和信誉，为项目的可持续发展奠定坚实基础。

（五）案例分析

某能源公司计划进行一项大型能源项目，需要大量资金支持。项目经济管理团队制定了详细的资金筹措方案，其中一部分资金来自公司自有资金，一部分通过银行贷款融资。在融资申请审批阶段，项目经济管理团队向银行提交了全面的项目信息和经济评估报告，并顺利获得了融资批准。融资成功后，项目经济管理团队建立了严格的资金使用与管理体系，制订了详细的预算和支出计划，每月对项目支出进行监控和汇报。同时，项目经济管理团队关注项目的经济效益，确保项目产生收益后及时偿还银行贷款本息，保持良好的合作关系。

总体而言，合同管理与风险防范是工程项目经济管理不可或缺的重要环节，它对于项目的顺利推进和经济效益的实现具有至关重要的作用。通过合理制定合同管理措施和风险防范措施，项目经济管理团队能够有效应对变更和索赔等问题，保障项目的成功实施。同时，优化合同管理流程和风险防范机制，有助于提升项目管理水平，为项目的经济效益和可持续发展提供保障。

第四章　新时期工程项目经济管理的重要性

第一节　加强施工过程管控

施工过程管控是新时期工程项目经济管理中的重要环节。在项目实施过程中，通过对施工进度、质量、成本等方面进行全面监控和控制，可以及时发现问题并采取有效措施加以解决，从而确保项目按计划推进、合理控制成本，最大程度地实现经济效益。施工过程管控还能帮助项目经济管理团队预防潜在的风险，降低因施工过程中出现的问题而带来的经济损失。

一、施工质量管理

项目经济管理团队需要确保施工质量符合相关标准和要求。采取严格的质量控制措施，进行质量把关和验收，及时修复施工中发现的质量问题，防止因施工质量不达标而带来的经济损失。

（一）质量管理体系建设

1. 制订质量管理计划

在项目启动阶段，项目经济管理团队需要制订质量管理计划，明确质量管理的目标、原则、流程和责任分工。该计划应包括质量检查和验收的频次、内容和方法等，确保施工过程中的质量控制有章可循。

2. 建立质量管理体系

项目经济管理团队需要建立一套完善的质量管理体系，包括质量控制、质量检查和质量验收等环节。质量管理体系应明确各个参与方的职责和义务，保障质量管理的连续性和有效性。

3. 质量培训与教育

项目经济管理团队应加强团队成员对施工质量培训与教育，提高其对质量管理的认识和专业水平。只有具备扎实的质量理论知识和实际操作技能的团队成员，才能有效推进施工质量管理工作。

（二）施工前质量准备

1. 材料质量把关

在采购施工材料时，项目经济管理团队需要与供应商严格签订合同，确保材料的质量符合标准和要求。对于重要材料，可以进行抽样检测和实地考察，确保其质量合格。

2. 施工方案审核

在施工前，项目经济管理团队需要对施工方案进行审核，确保其符合设计要求和施工标准，同时考虑施工的经济性和可行性。

（三）施工过程质量控制

1. 质量检查与验收

在施工过程中，项目经济管理团队需要进行定期的质量检查和验收，对施工的质量进行监控和把关。对于发现的质量问题，要及时采取措施予以整改，确保施工质量稳步提升。

2. 施工监督

项目经济管理团队可以委托专业监理单位进行施工过程的监督和检查，以确保施工符合相关标准和规范。监理单位可以对施工进度、工艺、材料等方面进行全面监控，提出必要的改进意见。

（四）施工后质量验收

1. 阶段性验收

在施工的不同阶段，项目经济管理团队需要进行阶段性验收，确保各个阶段的工程质量符合要求，为下一阶段的施工奠定良好基础。

2. 最终验收

在项目完成后，项目经济管理团队需要进行最终验收，对整个工程项目的质量进行综合评估。只有通过最终验收合格，项目经济管理团队才能向相关方提交最终结算和竣工报告。

（五）不断完善质量管理

1. 质量经验总结

项目经济管理团队需要不断总结施工过程中的质量管理经验，包括成功经验和教训。通过对项目中出现的问题和解决方法进行总结，可以形成一套适合本项目的质量管理经验，为未来的项目提供借鉴和参考。

2. 引进先进技术和方法

随着科技的发展，不断涌现出新的施工技术和质量管理方法。项目经济管理团队需要及时关注行业最新动态，引进先进技术和方法，提升施工质量管理水平。

3. 建立质量管理数据库

项目经济管理团队可以建立质量管理数据库，将质量检查和验收的记录、质量问题的处理情况等信息整合存储。通过数据分析，可以发现潜在问题和改进空间，为提高施工质量管理水平提供依据。

4. 建立质量奖惩机制

项目经济管理团队可以建立一套质量奖惩机制，对施工质量优秀的团队和个人进行表彰和奖励，同时对施工质量不达标的团队和个人进行惩罚。通过激励和约束相结合，推动施工质量不断提升。

5. 加强质量意识培养

项目经济管理团队需要加强对所有参与方的质量意识培养，使其深刻认识到质量管理对项目经济效益和企业形象的重要性。只有形成全员质量管理的共识，才能在施工过程中真正做到精益求精。

二、成本控制与监督

在施工过程中，项目经济管理团队需要进行成本控制与监督。这包括对各项工程成本进行实时核算，确保施工费用的合理使用。同时，要关注原材料价格的波动和人工成本的变化，及时调整成本预算，防止成本超支和资源浪费。

（一）成本控制的重要性

1. 成本是项目经济管理的核心指标

成本是衡量工程项目经济效益的重要指标之一。在施工过程中，有效地控制成本可以降低项目的总成本，提高项目的盈利能力，实现经济效益的最大化。

2. 成本控制关乎项目盈利能力

成本控制直接影响项目的盈利能力。如果成本控制不力，项目可能面临资金短缺，无法按计划推进，甚至导致项目亏损。

3. 成本控制涉及项目全过程

成本控制不仅仅发生在施工阶段，它涉及项目的全过程，包括前期投资决策、中期实施、后期运营等各个阶段。因此，项目经济管理团队需要从项目启动到项目结束，始终保持对成本的控制和监督。

（二）成本监督的重要性

1. 预防成本超支

通过成本监督，可以及时发现成本超支的情况，及时采取措施调整，避免项目因成本超支而陷入困境。

2. 防范资源浪费

成本监督有助于防范资源的浪费。资源浪费会导致项目效益的下降，影响项目的经济效益。

3. 提高项目经济管理效率

成本监督可以使项目经济管理团队更加高效地管理项目成本，确保项目经济管理工作的顺利进行。

4. 为决策提供依据

成本监督提供了实时的成本数据，为项目经济管理团队的决策提供了可靠的依据。在决策时，可以根据成本情况进行权衡和取舍。

5. 维护项目经济利益

成本监督有助于维护项目的经济利益，确保项目按照经济目标进行推进，实现经济效益的最大化。

通过制订科学合理的预算计划，建立资金使用审批制度，实施成本核算与监测，合理采购原材料，控制人工成本，进行成本分析与评估等措施，可以有效降低项目的总成本，提高项目的经济效益。同时，成本监督可以预防成本超支，防范资源浪费，提高项目经济管理效率，为决策提供依据，维护项目经济利益。项目经济管理团队应坚持成本控制与监督的原则，不断完善成本管理体系，为项目的顺利实施和经济效益的最大化提供有力保障。

第二节　提高合同管理水平

合同管理是确保项目顺利进行、各方权益得到保障的关键要素。新时期工程项目经济管理需要加强合同管理水平，包括在合同签订阶段明确各项条款，建立健全的合同履行监管机制，确保合同各方按规定履行义务。同时，项目经济管理团队需要对合同变更和索赔事宜进行妥善处理，避免因合同纠纷导致的经济损失。

一、明确合同条款

在合同签订阶段，项目经济管理团队需要仔细审查和明确合同条款。合同条款应具体明确工程的范围、质量标准、工期、价格、支付方式、保修期等内容，确保合同对各方的权益和责任有明确的规定。

（一）合同条款的重要性

1. 合同条款是项目经济管理的法律依据。合同是工程项目经济管理的基础，合同条款是合同的重要组成部分。合同条款明确了项目各方的权益和责任，具有法律效力，对项目的顺利实施和各方权益的保障至关重要。

2. 合同条款是双方权益的平衡依据。在合同签订过程中，项目经济管理团队需要与合同另一方进行充分的沟通和协商，明确各项条款，确保各方权益得到平衡，避免合同纠纷和经济损失。

3. 合同条款的明确有助于风险防范。合同条款的明确可以帮助项目经济管理团队识别潜在的风险，并建立相应的防范措施，预防合同风险的发生，降低项目风险。

4. 合同条款的明确是项目经济管理的基础。项目经济管理团队在项目实施过程中，需要根据合同条款进行具体的经济管理工作，包括成本控制、支付管理、索赔处理等，因此合同条款的明确对于项目经济管理工作的顺利开展至关重要。

（二）合同条款的内容与明确

1. 工程项目范围的明确。合同条款中应具体明确工程项目的范围和内容，包括工程项目的名称、位置、规模、主要构造、技术要求等。这有助于确保双方对于工程项目的认识一致，避免后期因为范围模糊导致的纠纷。

2. 工程项目质量标准的明确。合同条款应明确工程项目的质量标准和验收标准，包括使用材料的质量要求、施工工艺的要求等，确保工程项目达到预期的质量标准。

3. 工程项目工期的明确。合同条款中应具体明确工程项目的工期要求，包括起始日期、竣工日期、工期保障等，以确保工程项目按时交付。

4.工程项目价格与支付方式的明确。合同条款应明确工程项目的总价款和支付方式，包括工程款项的划分和支付时间等，确保双方对于价格和支付方式的理解一致。

5.工程项目保修期的明确。合同条款应明确工程项目的保修期要求，包括保修期的起止时间、保修范围、责任分工等，确保在保修期内发现的问题能及时得到解决。

（三）合同条款的具体操作与遵守

1.充分沟通与协商。在合同签订阶段，项目经济管理团队需要与合同另一方进行充分的沟通与协商，确保各项条款得到明确，双方达成共识。

2.澄清疑问并记录。在沟通和协商过程中，如有疑问或不确定的地方，项目经济管理团队需要及时澄清，并将沟通内容记录下来，以备后期查证。

3.严格履行合同。一旦合同签订完成，项目经济管理团队需要严格履行合同，确保各项条款的执行和履约。这包括按照合同约定进行工程项目的实施，保障工程质量符合标准要求，按时完成工期，合理控制成本，并按照合同约定的支付方式及时支付工程款项。

4.监督与检查。项目经济管理团队需要建立合同履行监管机制，对工程项目实施过程进行监督和检查，确保各项条款得到严格遵守。如发现合同履行中存在问题，需要及时采取措施予以解决，并与合同另一方进行沟通，协商解决方案。

5.变更和索赔的处理。在工程项目实施过程中，由于一些不可预见的情况，可能会出现合同变更或索赔的情况。项目经济管理团队需要与合同另一方积极沟通，协商变更和索赔事宜，确保变更和索赔过程符合合同规定，经济影响可控。

二、建立健全的合同履行监管机制

项目经济管理团队需要建立合同履行监管机制，监督和管理合同的执行情况。这包括对工程进度、质量、成本等方面进行监控，及时发现问题并采取措施解决，确保合同各项约定得到履行。

（一）建立健全的合同履行监管机制

在项目经济管理中，建立健全的合同履行监管机制是确保项目成功完成的关键一环。合同作为项目执行的法律依据和规范，其履行情况直接影响到工程的进度、质量、成本等多个方面。因此，为了有效监督和管理合同的执行，需要建立一套全面、科学的监管机制，以确保合同各项约定得到切实履行。

1.监管机制的基本框架

为了建立一个健全的合同履行监管机制，首先需要确定监管机制的基本框架。这包括明确监管的目标、范围、职责分工等。目标应明确合同的履行是否符合法律法规和项目要求，范围应包括对工程进度、质量、成本等多个方面的监控，而职责分工则需要明确监管团队的组成、职责分配以及各方的配合机制。

2.监管机制的实施步骤

监管机制的实施步骤是建立在基本框架之上的具体操作流程。首先，需要明确监管的时间节点，包括合同签订前、执行过程中和项目结束后的监管阶段。在合同签订前，需要进行全面的合同审查，确保合同的各项条款清晰明了，以有利于后续的履行监管。在执行过程中，需要建立定期的监管机制，对工程进度、质量、成本等方面进行持续监测，并设立应急机制，及时发现并解决问题。项目结束后，应进行终审，总结经验教训，为未来项目提供借鉴。

3. 监管机制的技术支持

建立健全的监管机制离不开科技的支持。利用信息化技术，建立项目管理系统，实现对项目各个方面的实时监控。在合同履行监管中，可以利用大数据分析技术，对工程进度、质量、成本等数据进行深度挖掘，提高监管的精准度和效率。此外，引入先进的监测设备和传感器技术，实现对工程实时状态的监测，为及时发现和解决问题提供有力支持。

4. 监管机制的法律保障

在建立监管机制的过程中，法律保障是不可忽视的重要环节。监管机制应与相关法规相衔接，确保其合法性和有效性。同时，要建立完善的违约惩罚机制，对于违反合同履行规定的行为，及时采取法律手段进行处理，维护项目经济管理的正常秩序。

（二）监管机制的优化与创新

1. 优化监管手段

为提高监管效果，需要不断优化监管手段。传统的监管手段主要包括文件审查、现场检查等，但这些手段有时难以全面、及时地发现问题。因此，可以借助现代技术，引入人工智能、云计算等技术，建立智能监管系统，实现对项目各个方面的全面监测。同时，加强数据分析能力，利用大数据技术对监管数据进行深度分析，为决策提供科学依据。

2. 强化监管团队建设

监管机制的效果离不开监管团队的专业水平和素质，因此，需要加强监管团队的建设，提高其专业素养和工作能力。可以通过培训、学习交流等方式，不断提升监管团队的专业水平。同时，要建立合理的激励机制，激发监管人员的积极性和创造性，确保监管工作的顺利进行。

3. 创新监管理念

随着项目管理理念的不断发展，监管理念也需要与时俱进，不断创新。传统的监管主要侧重于事后监管，即在问题发生后进行处理。而现代监管理念强调事前监管和事中监管，通过前瞻性的规划和及时的反馈，预防和解决问题。因此，需要在监管机制中加入事前、事中的监管手段，实现对项目的全方位、全过程监管。

第三节　提高项目成本控制能力

项目成本控制是新时期工程项目经济管理中的重要内容。通过科学合理的编制预算，建立完善的成本管理体系，严格控制项目各项成本支出，可以有效降低项目的总成本，提高经济效益。在项目实施过程中，项目经济管理团队需要密切关注成本变化，及时采取调整措施，确保项目成本在可控范围内。

一、提高项目经济效益

项目成本控制直接影响到项目的经济效益。通过科学合理地编制预算，控制项目各项成本支出，可以降低项目的总成本，提高投资回报率，实现项目的经济效益最大化。

（一）项目成本控制的重要性

项目成本控制是项目经济管理的核心内容之一。在项目实施过程中，成本控制直接关系到项目的经济效益。合理控制成本可以降低项目的总投资，确保项目的经济效益最大化。通过科学合理地编制预算，项目经济管理团队可以确保项目各项成本支出在可控范围内，并在实施过程中灵活调整，以适应市场变化和项目需求。成本控制不仅包括对直接成本的控制，还包括对间接成本、管理费用等方面的控制。在成本控制过程中，项目经济管理团队需要充分考虑项目的特点、市场环境、技术条件等因素，采取科学的方法和手段，确保成本控制的有效性和可行性。

（二）提高投资回报率的意义

投资回报率是衡量项目经济效益的重要指标。项目经济管理团队的目标是通过合理的成本控制和资源配置，提高项目的投资回报率。高投资回报率意味着项目的经济效益较好，能够为投资者带来丰厚的回报。提高投资回报率对于项目经济管理团队和投资方都具有重要意义。对于项目经济管理团队来说，高投资回报率意味着项目的成功，能够增强团队的信心和凝聚力。对于投资方来说，高投资回报率意味着投资的价值和收益，能够增加投资方的满意度和信任度。因此，项目经济管理团队需要将提高投资回报率作为首要目标，采取有效措施确保项目的经济效益得到最大化。

（三）项目经济效益最大化的实现

项目经济效益最大化是项目经济管理的核心任务之一。在实现项目经济效益最大化的过程中，项目经济管理团队需要注意以下几个方面。

1. 成本控制。项目经济管理团队需要建立完善的成本控制体系，对项目的各项成本进行全面监控和控制。在项目实施过程中，及时发现成本超支和浪费现象，并采取相应措施予以纠正。

2. 资源配置。合理的资源配置是项目经济效益最大化的关键。项目经济管理团队需要根据项目的实际情况，合理分配各类资源，确保资源的最优利用。

3. 市场营销。市场营销是实现项目经济效益最大化的重要手段。项目经济管理团队需要对项目进行市场调研，制定有效的市场营销策略，吸引更多客户和投资者参与项目，增加项目的收益。

4. 风险管理。风险是项目经济效益最大化的主要障碍。项目经济管理团队需要对项目可能面临的各类风险进行评估和预警，并制定相应的风险应对措施，降低风险对项目经济效益的影响。

5. 创新管理。创新管理是项目经济效益最大化的关键。项目经济管理团队需要不断创新管理理念和方法，提高管理水平和效率，推动项目的持续发展。

二、避免资源浪费

有效地控制成本可以避免资源的浪费。在项目实施过程中，如果成本控制不力，可能会导致资源的过度使用或不当使用，从而浪费企业的资金和资源。

（一）成本控制对资源浪费的重要性

资源浪费是指在项目实施过程中，由于不合理地成本管理和资源配置，导致资源的过度使用或不当使用，从而造成资源浪费。资源浪费不仅会增加项目的成本，降低投资回报率，还会对环境造成不良影响。因此，有效的成本控制对于避免资源浪费至关重要。

（二）成本控制与资源浪费的关系

成本控制是通过科学合理地编制预算，严格控制项目各项成本支出，确保项目的经济效益得到最大化的过程。成本控制与资源浪费密切相关，有效的成本控制可以避免资源的浪费。在成本控制的过程中，项目经济管理团队需要对项目的资源进行全面评估和分析，合理配置资源，确保资源的最优利用。只有在成本控制的基础上，项目经济管理团队才能避免资源的浪费，实现资源的最大化利用。

（三）成本控制策略与避免资源浪费

为了避免资源的浪费，项目经济管理团队需要制定有效的成本控制策略，包括以下几个方面：

1. 预算编制。项目经济管理团队需要在项目启动阶段制定详细的预算，包括各项成本的预计支出和资源的配置计划。预算编制需要充分考虑项目的实际情况和市场环境，确保预算的合理性和准确性。

2. 资源优化配置。在成本控制过程中，项目经济管理团队需要对项目的各类资源进行优化配置。这包括人力资源、物资资源、技术资源等方面。通过合理的资源配置，项目经济管理团队可以避免资源的浪费，提高资源的利用效率。

3. 监控与控制。成本控制需要进行实时监控和控制。项目经济管理团队需要设立专门的监控机制，对项目的成本进行定期核算和对比分析，及时发现成本超支和浪费现象，并采取相应措施予以纠正。

4. 制定成本标准。项目经济管理团队需要制定成本标准，明确项目各项成本的标准和限额。成本标准是成本控制的依据，通过与成本标准进行对比，可以及时发现问题，避免资源的浪费。

（四）成本控制与资源浪费的成功案例

为了更好地理解成本控制与资源浪费的关系，我们可以通过一个成功案例进行分析。某建筑项目在实施过程中，项目经济管理团队通过精细化的成本控制措施，成功避免了资源的浪费，实现了经济效益的最大化。

在该项目中，项目经济管理团队在项目启动阶段制定了详细的预算，对项目的各项成本进行了准确的估算和计划。在施工过程中，项目经济管理团队密切监控了项目的成本情况，及时发现了一些不必要的资源浪费现象。例如，某些原材料采购量超过实际需求，造成了资源的浪费。项目经济管理团队立即采取措施，与供应商协商调整采购量，避免了进一步的资源浪费。

此外，项目经济管理团队还对施工过程中的人工费用进行了严格控制。通过优化施工组织设计和合理分配人力资源，有效避免了人工费用的浪费。同时，在项目实施过程中，项目经济管理团队不断优化资源配置方案，确保资源的最大化利用。

通过这些成本控制措施，该建筑项目成功避免了资源的浪费，实现了项目经济效益的最大化。这个案例表明，成本控制是避免资源浪费的有效手段，对于项目经济管理团队来说具有重要意义。

三、降低项目风险

成本控制与风险管理密切相关。在项目实施过程中，如果成本控制不到位，可能会导致项目超预算，增加项目的风险。而有效地成本控制可以降低项目风险，增加项目的成功率。

（一）成本控制与项目风险的关系

在项目实施过程中，成本控制与项目风险密切相关。项目风险是指在项目实施过程中可能发生的不确定事件，包括技术风险、市场风险、供应链风险等。成本控制的不到位可能导致项目超出预算，增加项目的财务风险和经济风险。因此，有效的成本控制可以降低项目风险，增加项目的成功率。

1. 成本控制与项目风险的关系分析

在项目实施过程中，成本控制与项目风险存在紧密的关系。项目风险是指在项目实施过程中可能发生的不确定事件，这些事件可能导致项目的目标无法达成，造成经济损失或其他不良后果。其中，财务风险和经济风险是项目风险中的两个重要方面。

成本控制是项目经济管理的重要组成部分，涉及项目资源的合理配置和支出的控制。如果成本控制不到位，项目的实际成本可能超出预算，导致项目面临财务风险。财务风险是指项目在资金筹措、资金使用和资金回收过程中可能面临的不确定性，如债务风险、融资风险等。如果项目的成本无法得到有效控制，可能会增加项目的融资压力，影响项目的顺利进行，甚至导致资金链断裂。

同时，成本控制也与经济风险密切相关。经济风险是指项目在经济环境变化下可能遭受的损失，如市场需求下降、原材料价格波动等因素。如果成本控制不力，项目可能无法灵活应对市场变化，导致资源浪费和经济效益下降，增加项目的经济风险。

2. 成本控制降低项目风险的重要性

有效的成本控制对于降低项目风险具有重要意义。

首先，成本控制可以减少项目的财务风险。通过合理预算和严格控制支出，项目经济管理团队可以确保项目资金的合理利用，避免项目超预算，保持资金流动性，降低项目面临的债务风险和融资风险。

其次，成本控制可以增加项目的抗风险能力。在项目实施过程中，不可预见的风险事件难以避免，但通过成本控制，项目经济管理团队可以在预算中预留一定的风险准备金，用于应对突发事件，确保项目的顺利进行。

最后，成本控制还能增加项目的成功率。项目的成功不仅仅取决于技术实现，经济效益同样重要。通过有效的成本控制，项目经济管理团队可以最大程度地实现经济效益，确保项目能够按计划顺利完成，提高项目的成功率。

（二）成本控制对项目风险的影响

1. 降低财务风险

成本控制是确保项目资金合理利用的关键手段，对降低财务风险具有重要作用。项目实施过程中，如果成本控制得当，可以避免项目超预算，从而减少因资金短缺或无法按时回收资金而导致的财务风险。有效的成本控制可以确保项目的投资回报率达到预期水平，保障项目资金的流动性，降低项目的债务风险和融资风险。

例如：某公司在实施一个新产品研发项目时，项目经济管理团队通过精细化的成本控制措施，严格监控项目的资金使用情况。他们合理安排项目预算，制定每个阶段的资金投入计划，并与财务部门密切合作，确保项目资金的及时拨付和回收。这样一来，避免了因资金不足导致的滞后和风险，最终顺利实现了项目目标，取得了丰厚的经济效益。

2. 提高项目的抗风险能力

成本控制不仅可以降低财务风险，还可以增加项目的抗风险能力。在项目实施过程中，可能会面临不可预见的风险事件，如市场需求下降、原材料价格波动、自然灾害等。通过成本控制，项目经济管理团队可以在预算中预留一定的风险准备金，用于应对突发事件，保障项目的顺利进行。风险准备金是项目抗风险能力的重要保障，可以有效应对不确定性因素，减轻风险带来的冲击。

例如：一家建筑公司在实施一个大型基础设施项目时，考虑到项目可能面临的自然灾害风险，项目经济管理团队在预算中预留了一定的风险准备金。这笔风险准备金在项目实施过程中未发生使用，但在一次突发洪水事件中，项目受到了一定影响，需要进行紧急抢修和恢复工作。幸运的是，有了风险准备金，项目得以及时应对，最终未影响项目的整体进度和质量。

3. 增加项目的成功率

成本控制是项目成功的重要保障之一。在项目实施过程中，不仅需要实现技术目标，还要保证经济效益的最大化。通过有效的成本控制，项目经济管理团队可以最大程度地实现经济效益，确保项目能够按计划顺利完成，提高项目的成功率。

例如：一家制造企业在实施一个新产品开发项目时，项目经济管理团队通过严格的成本控制，优化了原材料的采购方案，节约了生产成本。同时，他们精心制定了产品的定价策略，合理制定市场营销计划，确保了产品销售收入的最大化。通过这些成本控制和经济管理措施，项目取得了较高的投资回报率，顺利实现了项目目标，增加了项目的成功率。

四、提高企业竞争力

成本控制是企业提高竞争力的重要手段。通过降低产品或服务的成本，企业可以在市场上提供更有竞争力的价格，吸引更多客户，增加市场份额。

（一）成本控制对企业竞争力的重要性

1. 成本控制是企业提高竞争力的重要手段之一。在竞争激烈的市场环境下，降低产品或服务的成本可以使企业在价格上具备优势，吸引更多客户，增加市场份额。同时，有效地成本控制还能为企业提供更多的资金，用于研发创新、提升产品质量和服务水平，从而进一步提高企业的竞争力。

2. 成本控制提升产品价格竞争力。在市场竞争中，产品价格是影响消费者购买决策的重要因素之一。通过有效的成本控制，企业可以降低产品生产成本，使得产品的售价更具竞争力。在同质化产品竞争激烈的情况下，价格优势可以吸引更多消费者选择企业的产品，提高市场份额。例如，某家手机制造企业通过优化供应链、提高生产效率和采用成本更低的材料，降低了产品的生产成本，使其产品价格相对较低。这样一来，该企业吸引了大量消费者，扩大了市场份额，提高了竞争力。

3. 提供更具吸引力的销售价格与优惠。成本控制还使企业有能力提供更具吸引力的销售价格和优惠政策，从而吸引更多消费者。在竞争激烈的市场中，消费者对价格敏感，对于相同的产品或服务，他们更愿意选择价格较低的企业。通过成本控制，企业可以降低产品售价，通过折扣、优惠券或赠品等促销活动，吸引更多潜在客户。例如，一家零售连锁企业通过控制采购成本、优化仓储物流，降低了销售价格，并推出了会员优惠政策。这样一来，该企业吸引了更多忠实顾客，提高了客户黏性，增强了市场竞争力。

4. 释放研发与创新资金。有效的成本控制可以释放出更多的资金，用于企业的研发与创新。在快速变化的市场环境中，产品和技术的创新是提高企业竞争力的重要手段。通过投入更多的资金进行研发和创新，企业可以不断推出更具竞争力的产品或服务，满足消费者不断变化的需求。例如，一家科技公司通过有效控制行政费用和运营成本，释放出更多资金用于技术研发。这样一来，该企业推出了一款颠覆性的产品，引领了市场潮流，增加了市场份额，提高了企业竞争力。

5. 提升产品质量与服务水平。成本控制也为企业提升产品质量和服务水平提供了支持。优化生产流程、提高生产效率，不仅可以降低成本，还能提高产品的生产质量。同时，释放出的资金也可以用于培训员工、提升服务水平，提供更优质的售后服务。优质的产品和服务能够增强客户满意度，树立企业良好的口碑，提高客户忠诚度，从而增加市场竞争力。例如，一家餐饮连锁企业通过成本控制，提高了原材料采购的效率，降低了食品成本，同时增加了员工培训投入，提高了服务质量。这样一来，该企业获得了更多顾客好评，吸引了更多忠实客户，提高了市场竞争力。

（二）优化供应链管理

供应链管理是影响企业成本的重要因素之一。通过优化供应链管理，企业可以降低采购成本、物流成本和库存成本，实现供应链的高效运作。例如，企业可以与优质供应商建立稳定的合作关系，获得更有竞争力的采购价格；采用先进的物流技术和管理方法，提高物流效率，降低运输成本；通过精细化的库存管理，避免库存积压和过度采购，减少资金占用成本。

1. 与优质供应商建立稳定合作关系

优化供应链管理的关键之一是与优质供应商建立稳定的合作关系。优质供应商不仅能够提供高质量的产品和服务，还能够给予企业更有竞争力的采购价格。通过与优质供应商建立长期合作伙伴关系，企业可以享受到更多的采购优惠和折扣，并获得更好的采购条件。此外，稳定的供应商关系还可以确保供应链的稳定性，减少因供应商问题导致的生产延误和成本增加。

例如，一家制造企业与原材料供应商建立了长期合作伙伴关系，双方共同制定了长期采购计划和价格协议。由于企业与供应商建立了信任和稳定的合作，供应商愿意为企业提供更优惠的价格和服务，同时企业也能够确保原材料的稳定供应，减少了采购成本和风险。

2. 采用先进的物流技术与管理方法

物流成本在供应链中占据重要地位。通过采用先进的物流技术和管理方法，企业可以提高物流效率，降低运输成本，从而优化供应链管理。物流技术的应用包括智能化仓储系统、智能化运输工具、物流信息系统等，这些技术的运用可以提高仓储和运输效率，降低人工和能源成本。

此外，物流管理方法的优化也是重要的成本控制手段。例如，采用合理的运输路径规划，减少空运和短途运输，选择合适的运输方式，如公路、铁路、海运或空运，根据货物特性和交货期要求，选择最经济高效的运输方式，降低运输成本。

3. 精细化的库存管理

库存成本对企业影响巨大，合理的库存管理是优化供应链的关键环节之一。过高的库存会增加资金占用成本和仓储成本，而过低的库存可能导致缺货和生产延误，增加企业的运营风险。因此，企业需要通过精细化的库存管理，实现库存水平的最优化。

精细化的库存管理可以通过建立合理的库存预警系统，根据销售数据和市场需求，合理预测库存需求，避免过度采购和积压库存。此外，企业可以采用先进的库存管理工具和技术，如ABC分类法、定期盘点、库存周转率分析等，全面了解库存状况，及时调整采购计划和库存策略。

4. 整合供应链信息化系统

供应链信息化系统的整合是优化供应链管理的重要措施。通过整合供应链信息化系统，企业可以实现对供应链各个环节的全面监控和协调。信息化系统可以实时收集和分析供应链各环节的数据，帮助企业准确把握供应链运作状况，发现潜在问题，并及时采取应对措施。同时，信息化系统还可以实现供应链各方之间的数据共享和沟通，提高供应链协同效率，降低沟通成本。

例如，一家电子产品制造企业通过整合供应链信息化系统，实现了对原材料采购、生产计划、物流配送等环节的实时监控。在销售订单量激增的情况下，企业可以及时调整生产计划，通知供应商加大原材料供应，确保生产线不中断。这样一来，企业减少了因生产中断带来的损失，同时优化了供应链运作效率，降低了运营成本。

5. 资源共享与合作

在优化供应链管理过程中，企业可以考虑资源共享与合作，以降低成本并提高效率。资源共享可以包括设立共享仓库、共享物流设施和共享运输工具等。通过资源共享，多个企业可以共同使用物流设施和运输工具，减少资源闲置和浪费，降低物流成本。此外，企业还可以通过与供应链中其他环节的企业合作，实现资源优势互补，进一步降低采购成本和生产成本。

例如，一家食品企业与一家物流企业建立合作关系，共同设立了食品冷链物流中心。这样一来，食品企业可以利用物流企业的冷链设施和运输车辆，降低食品运输的成本，并提高食品的货运速度和质量。同时，物流企业也因为与食品企业建立合作关系，增加了业务量和收入。

6. 建立绩效评估体系

为了确保供应链管理的效果，企业需要建立完善的绩效评估体系。绩效评估体系可以对供应链中各个环节的成本、效率和质量进行量化评估，帮助企业了解供应链运作的优势和不足，为后续的优化措施提供依据。通过绩效评估，企业可以发现供应链中的问题，并及时采取措施进行改进，提高供应链管理的水平。

例如，一家零售企业建立了供应链绩效评估体系，定期对供应链中的采购、物流和库存等环节进行评估。通过绩效评估，企业发现某个供应商的交货速度较慢，导致了库存积压和运营成本增加。为了解决问题，企业与供应商进行沟通，共同制订了提升交货速度的改进计划。随后，供应商采取了更高效的生产和配送措施，解决了交货速度问题，减少了库存积压，降低了运营成本。

（三）提高生产效率与技术创新

提高生产效率和技术创新是有效的成本控制手段。通过引入先进的生产设备和自动化技术，优化生产流程，减少人工成本和能源消耗，降低生产成本。同时，持续的技术创新可以提升产品质量和性能，增加产品附加值，从而为企业赢得更高的市场溢价。

1. 引入先进生产设备和自动化技术。在提高生产效率和降低成本方面，企业可以考虑引入先进的生产设备和自动化技术。先进的生产设备具有更高的生产效率和更低的能耗，可以减少人力投入和生产周期，从而降低生产成本。自动化技术可以代替部分人力劳动，减少人工成本，同时提高生产的稳定性和一致性。通过引入这些先进技术，企业可以在保持一定产量的同时降低生产成本，提高生产效率。

2. 优化生产流程。优化生产流程是提高生产效率的关键措施。企业可以通过对生产流程的再设计和优化，消除瓶颈和冗余，提高生产效率和资源利用率。例如，采用精益生产管理原则，实施生产流程的精细化管理，减少不必要的等待和运输时间，从而缩短生产周期，提高产能，降低生产成本。

3. 持续的技术创新。技术创新是企业提高竞争力的重要手段。通过不断进行技术研发和创新，企业可以提升产品的质量和性能，增加产品的附加值，从而为企业赢得更高的市场溢价。技术创新可以帮助企业开发出更具竞争力的新产品，满足市场不断变化的需求，提升企业在市场中的地位和竞争力。

4. 人才培养与知识管理。实施技术创新需要具备一定的科研和技术开发能力，因此，企业需要重视人才培养和知识管理。通过培养技术人才，提升员工的专业技能和创新能力，企业可以在技术创新方面拥有更强的竞争优势。同时，建立知识管理体系，有效地管理和运用企业内部的知识和技术，有助于加速技术创新的过程。

5. 资源回收与循环利用。资源回收与循环利用是提高生产效率的重要途径之一。通过有效的回收和利用，生产过程中产生的废料和废水，企业可以减少原材料的消耗，降低生产成本，并且对环境造成的影响也会减少。资源回收与循环利用可以实现资源的最大化利用，同时符合企业的可持续发展战略。

6. 建立绩效激励机制。为了促进生产效率和技术创新，企业可以建立绩效激励机制，对取得显著成果的员工进行奖励。这样可以激发员工的积极性和创造性，推动技术创新和生产效率的不断提升。通过绩效激励，企业可以吸引更多高素质的人才，形成良好的技术创新氛围，推动企业不断向前发展。

（四）精简管理与降低管理成本

企业管理成本也是影响总体成本的重要因素。通过精简管理层次，优化组织架构，降低管理层级和冗余岗位，可以降低企业管理成本。此外，采用信息化管理系统，提高管理效率，减少纸质文件和手工流程，进一步降低管理成本。

1. 管理层次精简与组织优化。企业可以考虑减少管理层次，简化组织结构，避免过多的管理层级。过多的管理层级会增加管理成本，造成信息传递滞后和决策效率低下。通过精简管理层次，可以提高管理效率，加快决策速度，降低管理成本。

2. 岗位精简与合并。企业可以对岗位进行精简和合并，避免冗余的岗位和重复的工作内容。通过优化岗位设置，消除重复劳动，可以提高工作效率，减少人力资源的浪费，从而降低管理成本。

3. 信息化管理系统的应用。引入信息化管理系统是提高管理效率、降低管理成本的有效途径。信息化管理系统可以实现数据的集中存储和共享，提高信息传递的及时性和准确性。此外，信息化管理系统还可以自动化执行一些日常的管理任务，减少手工操作，提高工作效率，降低管理成本。

4. 减少不必要的会议与出差。企业可以审慎安排会议和出差，避免不必要的会议和频繁的出差。过多的会议和出差会占用员工的工作时间，增加企业的管理成本。因此，企业可以通过优化会议安排和出差计划，减少不必要的会议和出差，降低管理成本。

5. 加强绩效管理与激励机制。建立科学的绩效管理和激励机制，可以有效地提高员工的工作积极性和生产力。激励机制可以将员工的薪酬与绩效挂钩，鼓励员工为企业创造更多的价值。通过激励高绩效员工，企业可以提高工作效率，降低管理成本。

6. 推行精益管理理念。精益管理是一种优化流程、降低浪费的管理理念。企业可以推行精益管理，消除不必要的环节和流程，提高资源利用效率，降低成本。通过推行精益管理，企业可以提高生产效率，降低管理成本，增强企业的竞争力。

（五）开展成本意识教育与激励

成本控制需要全员参与，因此，开展成本意识教育对于提高企业竞争力至关重要。企业可以开展内部培训，提高员工对成本控制重要性的认识，鼓励员工节约用水、用电等资源，减少不必要的开支。同时，可以建立成本激励机制，对于提出有效成本控制措施的员工给予奖励，激励全员积极参与成本控制。

1. 成本意识教育培训。企业可以定期组织成本意识教育培训，向员工传达成本控制的重要性和紧迫性。培训内容可以包括成本概念、成本结构、成本控制方法等，让员工了解成本对企业的影响和意义。通过教育培训，增强员工的成本意识，让每个员工都认识到自己在成本控制中的重要角色。

2. 环节成本公开与透明。企业可以公开部分环节的成本信息，让员工了解企业的成本结构和成本来源。透明的成本信息可以激发员工的成本意识，让他们知道每一份资源都来之不易，从而更加珍惜资源，节约开支。

3. 建立成本控制奖励机制。企业可以建立成本控制奖励机制，对于提出有效成本控制措施的员工给予奖励。奖励可以是物质奖励或非物质奖励，例如奖金、荣誉称号、晋升机会等。通过奖励机制，激励员工积极参与成本控制，共同为企业的成本节约贡献力量。

4. 成本控制经验分享会。企业可以定期组织成本控制经验分享会，让员工分享自己在成本控制方面的经验和做法。通过分享会，可以激发员工的积极性和创造性，激发员工在成本控制方面寻找更多的改进和创新。

5. 设立成本控制小组。企业可以设立成本控制小组，由员工自愿参加，负责研究和推进成本控制工作。小组可以定期开会，讨论成本控制的具体措施和实施计划，推动成本控制工作的落实。

通过开展成本意识教育与激励，企业可以提高员工对成本控制的认识和重视程度，激发员工的积极性和创造性，让每个员工都积极参与成本控制活动，从而降低企业的成本，提高企业的竞争力。这种全员参与的成本控制模式，将成为企业在激烈竞争中取得成功的有力支撑。

第五章　新时期工程项目经济管理应具备的因素

第一节　不同管理人才的配置情况

在新时期的工程项目经济管理中，人才配置是决定项目成败的重要因素之一。项目经济管理团队需要配置具备经济学和管理学知识的专业人员，以及熟悉现代信息技术的技术人员。不同管理人才的合理配置可以充分发挥各自优势，提高项目管理的科学性和有效性。

一、经济学专业人员

经济学专业人员在项目经济管理中起着至关重要的作用。他们能够进行项目的投资规划和经济评价，制订详细的项目预算和财务计划，对项目进行成本控制和效益分析。经济学专业人员还能通过市场调研和风险评估，为项目的投资决策提供科学依据，帮助项目经济管理团队制定正确的发展策略。

（一）投资规划和经济评价

在新时期工程项目经济管理中，经济学专业人员在项目的投资规划和经济评价方面发挥着关键作用。他们通过对项目的前景、预期收益、投资回报率等进行综合分析，帮助项目经济管理团队确定项目的投资规模和策略。经济学专业人员利用经济学理论和方法，进行市场调研、竞争分析、风险评估等工作，为项目投资决策提供科学依据，从而降低投资风险，确保项目的可持续发展。

1. 市场调研与前景分析。经济学专业人员通过深入的市场调研和数据分析，了解项目所处的市场环境和行业发展趋势。他们评估市场需求、潜在客户、竞争对手等因素，预测项目的市场前景。这样的前景分析可以帮助项目经济管理团队了解项目的商业价值和市场潜力，为项目的投资规划提供决策支持。

2. 预期收益与投资回报率评估。经济学专业人员对项目的预期收益进行评估，包括预测项目的销售收入、净利润等关键指标。同时，他们还计算投资回报率和财务指标，如净现值（NPV）、内部收益率（IRR）、投资回收期等，用于评估项目的投资效益和可行性。这样的经济评价有助于项目经济管理团队决策是否继续推进项目或做出调整，以确保项目的经济效益最大化。

（二）编制项目预算与财务计划

经济学专业人员在项目经济管理中负责编制项目预算和财务计划。他们根据项目的需求和投资规模，合理分配各项费用，包括人工成本、材料费用、设备投资、运营费用等。在编制预算时，经济学专业人员会充分考虑市场价格变动、通货膨胀等因素，确保预算的合理性和可操作性。财务计划的制订也需要经济学专业人员对资金的筹措和使用进行科学规划，确保项目的资金来源稳定、项目资金的使用合理。

二、管理学专业人员

管理学专业人员在项目经济管理中负责项目的组织、协调和执行。他们拥有项目管理的理论知识和实践经验，能够制订项目管理计划、安排资源、解决项目中的管理问题。管理学专业人员还能够建立有效的沟通和协作机制，促进项目各方之间的合作与共赢。

（一）项目管理计划的制订

管理学专业人员在项目经济管理中负责制订项目管理计划。项目管理计划是项目实施的指导性文件，包括项目的目标与范围、组织结构、工作分解结构（WBS）、进度计划、资源分配等内容。管理学专业人员根据项目的特点和需求，合理安排项目的各项工作，确保项目能够按计划顺利进行。

1. 项目目标与范围的明确。管理学专业人员与项目团队共同明确项目的目标和范围，确保项目的目标与企业的战略目标相一致。他们通过需求分析和范围界定，明确项目的关键要素，避免项目范围的扩大和目标的模糊，从而防止项目成本和资源的无谓浪费。

2. 工作分解结构（WBS）的制定。管理学专业人员将项目目标和范围拆解成具体的工作包，形成工作分解结构（WBS）。通过 WBS，他们能够清晰地了解项目各项工作的关联性和依赖性，合理划分工作任务，为项目的资源分配和进度控制提供基础。

（二）资源的合理调配与优化

管理学专业人员负责对项目的资源进行合理调配与优化。他们根据项目需求，分析资源供给和需求的状况，制定资源调配方案，确保项目有足够的资源保障项目的正常运行。

1. 人力资源的合理配置。管理学专业人员根据项目的规模和复杂性，合理配置项目团队的人员，确保项目具备足够的专业技能和经验。他们还负责对项目团队进行管理和培训，提高团队的综合素质和执行能力。

2. 资金资源的有效管理。管理学专业人员负责项目资金的管理和监控。他们通过预算编制和预测，对项目的资金需求进行合理预测和计划，确保项目资金的充足和有效利用。同时，他们对项目的资金使用情况进行跟踪和分析，及时发现资金问题并采取措施解决。

3. 物资资源的采购和供应。管理学专业人员负责项目物资资源的采购和供应。他们与供应商建立稳固的合作关系，确保物资的质量和供应的及时性。通过采取集中采购、招标等方式，他们还能降低物资采购成本，提高采购效率。

（三）解决项目中的管理问题

在项目实施过程中，可能会出现各种管理问题，如沟通不畅、决策滞后、资源冲突等。管理学专业人员负责解决这些问题，维护项目的正常运行。

1. 建立有效的沟通与协作机制。管理学专业人员建立项目团队内部的沟通与协作机制，促进信息的及时传递和共享。他们还与项目各方建立良好的沟通渠道，加强与相关部门和利益相关者的合作，提高项目的整体协调性和执行力。

2. 加强项目决策的科学性与及时性。管理学专业人员负责加强项目决策的科学性与及时性。他们利用管理工具和方法，对项目进行全面的风险评估和决策分析，确保项目经济管理团队能够基于客观数据和科学分析做出决策。通过有效的决策支持，管理学专业人员能够减少决策滞后的情况，及时应对项目中的挑战和变化，确保项目能够按计划顺利进行。

三、技术人员

技术人员在新时期的工程项目经济管理中扮演着关键角色。他们了解先进的技术和工程手段，能够应用现代信息技术进行项目管理和数据分析。技术人员能够优化工程流程，提高生产效率，降低生产成本，从而为项目经济管理带来更多的优势和机遇。

（一）技术人员在工程项目经济管理中的角色与重要性

技术人员在新时期的工程项目经济管理中扮演着至关重要的角色。他们是项目实施过程中的技术支持和专业顾问，拥有丰富的专业知识和实践经验。技术人员能够深入了解工程项目的技术要求和工艺流程，为项目经济管理团队提供科学、可行的技术建议和解决方案。他们在项目前期的可行性研究和技术评估中发挥着重要作用，帮助项目经济管理团队制定合理的技术方案，降低技术风险，保障项目的顺利实施。

（二）技术人员的工作内容与职责

技术方案的制定与优化。技术人员根据项目的实际需求和目标，制定合理的技术方案。他们分析项目所涉及的技术问题，考虑不同的技术选择和方案，评估其优劣势，为项目经济管理团队提供技术决策依据。技术人员还能优化技术方案，提高工程效率，降低成本，从而为项目的经济效益作出积极贡献。

技术支持与问题解决。在工程项目实施过程中，技术人员为施工团队提供技术支持和指导。他们解答施工中遇到的技术问题，协助解决技术难题，保障施工质量和进度。技术人员还能及时发现并解决施工中的技术风险，避免因技术问题导致的经济损失。

数据分析与决策支持。技术人员拥有丰富的数据分析和处理能力。他们通过应用现代信息技术，收集、整理和分析项目的数据，为项目经济管理团队提供决策支持。技术人员能够从数据中发现问题和趋势，为项目经济管理团队制定科学的决策和措施。

（三）技术人员在成本控制中的作用与措施

提高生产效率与技术创新。技术人员通过引进先进的生产设备和自动化技术，优化生产流程，提高生产效率。他们能够寻找工程项目中存在的低效率环节，提出改进措施，减少不必要的时间和资源浪费，降低生产成本。

优化工程流程与管理方法。技术人员能够对工程项目的流程和管理进行优化。他们应用现代信息技术，建立数字化的项目管理平台，实现项目进度、资源、成本等方面的全面监控与管理。优化工程流程和管理方法能够提高项目的执行效率，减少管理成本，增加项目的经济效益。

技术创新与成本降低。技术人员在工程项目中推动技术创新，寻找更具经济效益的新技术和工艺。通过技术创新，他们能够降低项目的成本，提高产品质量和性能，增加产品附加值，从而为企业赢得更高的市场溢价。

（四）案例分析：技术人员在工程项目经济管理中的成功应用

以某大型基建工程项目为例，技术人员在项目经济管理中发挥重要作用。他们在项目前期进行了全面的技术评估，确定了合理的技术方案和工程流程。在施工过程中，技术人员为施工团队提供了及时的技术支持和指导，解决了施工中遇到的各种技术问题，保障了施工质量和进度。此外，技术人员还引入了先进的施工设备和自动化技术，提高了施工效率，降低了施工成本。通过技术创新，他们改进了工程的设计和施工方法，减少了材料的使用量和能源消耗，从而降低了工程的总成本。

同时，技术人员在工程项目经济管理中也发挥了数据分析和决策支持的重要作用。他们建立了数字化的项目管理平台，对项目的进度、资源和成本进行实时监控和分析。通过数据分析，他们发现了一些潜在的问题和风险，及时采取措施进行调整和优化，确保项目成本在可控范围内。

在成本控制方面，技术人员还推动了资源的合理利用和节约。他们提倡在施工中使用可再生能源，减少对传统能源的依赖，降低了能源成本。同时，他们优化了材料的采购和使用，减少了材料的浪费，降低了材料成本。这些措施共同作用，使得项目的成本控制得到有效实施，为企业带来了明显的经济效益。

技术人员在新时期的工程项目经济管理中发挥着重要的作用。他们通过技术创新、工程流程优化、数据分析和决策支持等手段，有效降低了项目的成本，提高了项目的经济效益。因此，合理配置并发挥技术人员的作用，是新时期工程项目经济管理的关键因素之一。

第二节　工程材料的配置情况

工程项目的顺利进行离不开合理配置优质的工程材料。新时期的工程项目经济管理需要对工程材料的采购、使用和回收进行全面考虑，以确保项目施工质量和进度，同时，降低因材料问题带来的经济风险。

一、优质材料采购

项目经济管理团队应该与可靠的供应商建立长期合作关系，优先选择优质的工程材料。虽然优质材料可能在采购阶段造成较高的成本，但它们通常能够提供更好的性能和耐久性，降低维修和更换成本，从长期来看有利于项目的经济效益。

（一）优质材料采购的重要性

在工程建设过程中，使用优质的工程材料可以保证工程的稳定性和安全性，有效防止施工过程中出现质量问题。与劣质材料相比，优质材料通常具有更好的性能和耐久性，在使用寿命和使用效果上更具优势，降低了后期维修和更换的成本，从而减少了项目的总成本。此外，优质材料还能提高工程项目的抗风险能力，降低由于材料质量问题引发的经济损失。

1. 确保工程质量和安全性。优质材料具有更高的质量标准和严格的生产工艺，因此在工程建设中使用优质材料能够确保工程质量和安全性。这些材料通常经过严格的质量检验和测试，符合国家相关的行业标准，能够有效预防施工过程中出现质量问题。使用优质材料可以降低施工事故和质量事故的发生概率，减少可能带来的经济损失和声誉损害。

2. 延长工程寿命和减少维修成本。优质材料通常具有更好的耐久性和抗老化性能，能够在较长时间内保持稳定的使用效果。使用优质材料可以延长工程项目的使用寿命，减少因材料老化或损耗而导致的频繁维修和更换，从而降低后期维护成本。虽然优质材料的采购成本可能较高，但在长期使用中能够实现更大程度的成本节约。

3. 提高工程性能和附加值。优质材料往往具有更好的性能和功能，能够满足特定工程项目的需求。例如，在建筑工程中使用高性能隔热材料可以降低能源消耗，提高建筑物的能效；在交通工程中使用高强度的钢材可以增加路面的承载能力，提高道路的耐久性。这些优质材料能够为工程项目增加附加值，使项目在市场上具备更高的竞争力。

4. 增加工程项目的抗风险能力。优质材料的使用可以增加工程项目的抗风险能力。因为优质材料通常具有更好的抗压、抗震、抗腐蚀等性能，在面对自然灾害或不可预见的意外事件时，工程项目更有可能保持结构的完整性和稳定性，减少损失和降低安全风险。此外，使用优质材料还能降低由于材料质量问题引发的维权诉讼和赔偿责任，避免不必要的法律风险。

5. 优质材料采购在工程项目经济管理中具有重要性。它不仅可以保证工程质量和安全性，还能延长工程寿命和减少维修成本，提高工程性能和附加值，增加工程项目的抗风险能力。因此，项目经济管理团队应高度重视优质材料采购，合理规划采购预算，与可靠的供应商建立长期合作关系，确保项目能够使用优质的工程材料，实现项目的经济效益最大化。

（二）与供应商建立长期合作关系

项目经济管理团队应该与可靠的供应商建立长期合作关系。与供应商建立长期合作关系可以确保项目能够获得稳定的优质材料供应。长期合作关系可以建立供应商和项目方之间的信任和合作，供应商愿意提供更好的服务和支持，为项目方提供优质的工程材料。在长期合作的基础上，供应商也更愿意为项目方提供更有竞争力的价格和优惠条件，降低采购成本，为项目的经济效益带来积极影响。

1. 稳定供应保障。与供应商建立长期合作关系可以确保项目能够获得稳定的供应保障。供应商了解项目方的需求和要求，能够提前做好生产计划和物流安排，保障材料及时到达工地，避免因供应不足或延迟导致的施工延误和项目进度影响。

2. 优质材料选择。长期合作的供应商通常会提供更多优质材料的选择。供应商了解项目方的需求，并持续研发和推出适应市场需求的新产品，使得项目方能够选择更适合项目的优质材料，提高工程质量和性能。

3. 供应商信任和支持。长期合作关系建立了供应商和项目方之间的信任和合作。供应商愿意为项目方提供更多的支持和服务，包括技术咨询、售后服务等，帮助项目方解决问题，提高项目的效率并使项目顺利实施。

4. 成本优势。长期合作关系使供应商了解项目方的采购需求和规模，能够为项目方提供更有竞争力的价格和优惠条件。这降低了采购成本，对于项目的经济效益有着积极的影响。

5. 供应链稳定性。与供应商建立长期合作关系可以增加供应链的稳定性。长期合作的供应商通常会采取措施保障生产稳定，并降低由于供应链断裂带来的风险，确保项目不会因为供应问题而受到影响。

6. 共同发展。长期合作关系可以促进供应商和项目方的共同发展。供应商了解项目方的需求和发展计划，能够提供更符合项目方发展需求的产品和服务，为项目方提供更多的支持和帮助。

稳定的供应保障、优质材料选择、供应商信任和支持、成本优势、供应链稳定性和共同发展等因素将有助于提高工程项目的经济效益和竞争力，确保项目能够顺利实施，取得优异的综合效果。因此，项目经济管理团队应高度重视与供应商的长期合作关系，建立良好的合作伙伴关系，共同推动工程项目的成功实施。

（三）优先选择优质材料

在材料采购过程中，项目经济管理团队应该优先选择优质的工程材料。虽然优质材料可能在采购阶段造成较高的成本，但从长期来看，它们通常能够为项目带来更好的经济效益。优质材料具有更好的性能和耐久性，可以延长工程的使用寿命，减少维修和更换成本。同时，优质材料通常能够提供更好的功能和性能，增加了工程项目的附加值，为项目带来更高的市场溢价和竞争优势。

1. 提高工程质量和性能。优质材料通常具有更好的性能，能够有效提高工程的质量和性能。在项目实施过程中，使用优质材料可以保证工程的稳定性和安全性，避免因材料问题导致的质量事故和经济损失。

2. 延长使用寿命。优质材料的使用可以延长工程的使用寿命。这意味着项目在未来更长的时间内可以保持良好的使用状态，减少维修和更换成本，降低了项目的总成本。

3. 降低维护成本。优质材料通常需要较少的维护和保养，减少了维护成本。相比劣质材料，优质材料更能经受时间和环境的考验，减少了维护频率和费用。

4. 增加附加值和溢价。优质材料通常具有更多的功能和性能，能够为工程项目增加附加值。提供更好的功能和性能将吸引更多客户，增加工程项目的市场溢价和竞争优势。

5. 降低风险和损失。优质材料在使用过程中更加稳定可靠，降低了因材料质量问题引发的风险和经济损失。投资较高的优质材料可以减少后期维修和更换成本，为项目经济管理团队避免潜在的不确定性和风险提供了保障。

6. 提升企业形象。优质材料的使用不仅能够提高工程项目的质量和性能，也体现了企业的用心和追求卓越的态度。优质材料的选择将有助于提升企业的形象和声誉，增加客户的信任和认可。

优先选择优质材料在新时期的工程项目经济管理中具有重要意义。它不仅能够提高工程质量和性能，降低维护成本和风险，还能增加附加值和溢价，提升企业形象。尽管在采购阶段可能带来较高的成本，但从长远来看，优质材料的选择能够为工程项目带来更好的经济效益和市场竞争力，使项目成为可持续发展和长期盈利的成功案例。因此，在项目经济管理中，合理权衡各种因素后，优先选择优质材料是明智的决策。

二、节约用材与合理库存

在项目实施过程中，项目经济管理团队应该注重节约用材，避免浪费和过度消耗。同时，对于常用材料可以进行合理库存，避免频繁采购和交通运输带来的额外成本。

（一）节约用材的重要性

减少成本。节约用材对于项目经济管理团队来说具有显著的经济意义。在项目实施过程中，材料成本通常是项目总成本的一个重要组成部分。通过合理评估项目的材料需求，避免过度采购和浪费，可以降低不必要的材料采购成本和库存成本。例如，在建筑项目中，合理规划水泥、钢筋等建筑材料的用量，精准采购所需材料，避免材料过剩和损耗，从而减少项目的总成本。

提高资源利用率。节约用材是对资源进行有效利用的重要手段。资源是有限的，尤其是在如今资源日益紧缺的背景下，优化资源利用率是保障可持续发展的关键。通过节约用材，项目经济管理团队可以减少资源的消耗，降低资源的浪费，实现资源的高效利用。例如，在制造业项目中，采用先进的生产工艺和材料回收利用技术，可以最大限度地提高资源的再利用率，实现资源循环利用，节约原材料的开采和能源的消耗。

降低环境风险。节约用材与环境保护密切相关。过度消耗材料会导致资源的过度开采，可能造成生态环境破坏和环境污染。通过节约用材，项目经济管理团队可以减少对自然资源的压力，降低环境风险。例如，在能源项目中，推广能源节约技术和清洁能源利用，可以减少对化石燃料的需求，降低碳排放，为环境保护作出贡献。

（二）节约用材的方法与措施

1. 精细化地材料需求规划

在项目启动阶段，项目经济管理团队应该充分了解项目的需求，制定精细化的材料需求规划。这包括详细列出项目所需的各类材料及数量、规格等信息。同时，要结合项目进度和施工计划，合理安排材料的采购和使用时间，避免材料提前采购导致的损耗或仓储问题，也避免因材料采购不及时影响工程进度。

例如：在建筑工程中，项目经济管理团队可以根据建筑图纸和设计方案，精确计算所需的砖块、水泥、钢筋等材料数量，避免因为估算不准确导致的材料浪费和成本增加。

2. 优化材料使用流程

项目经济管理团队应该与工程施工团队紧密合作，优化材料使用流程。在施工过程中，采用高效的施工方法和技术，减少材料的浪费和损耗。同时，项目经济管理团队还可以推广先进的材料节约技术，如预拌混凝土技术、模板拼装技术等，提高材料的利用率和施工效率。

例如：在道路施工项目中，项目经济管理团队可以推广冷再生技术，将已经使用过的沥青路面进行再生利用，减少新材料的使用，降低成本。

3.强化管理与监督

项目经济管理团队应该加强对材料使用的管理与监督。建立健全材料采购和使用的台账，明确责任部门和责任人，监控材料的进出库情况，及时发现和处理异常情况。定期开展材料使用情况的检查和评估，及时总结经验教训，优化管理措施。

例如：在工业生产项目中，项目经济管理团队可以设置物资管理专职人员，负责材料的采购计划和库存管理，确保材料的有效利用和减少闲置。

通过精细化地材料需求规划、优化材料使用流程和强化管理与监督，项目经济管理团队可以有效地节约用材，降低项目成本，提高资源利用率，减少环境风险，推动技术创新，增强项目的可持续性。这些措施将对项目经济管理产生积极的影响，为企业创造更大的经济价值和社会价值。

（三）合理库存的重要性

1.确保项目顺利进行

合理地材料库存能够确保项目所需材料的及时供应，保障施工进度的顺利推进。在项目实施过程中，由于各种不可预见的因素，可能会导致供应链中断或材料供应不稳定的情况。如果项目经济管理团队能够建立合理的库存储备，及时补充材料，就能有效避免因为材料短缺而造成的施工延误和项目进度受阻的问题。

例如：在建筑项目中，常常会遇到恶劣天气导致施工无法继续，如果项目经济管理团队事先做好合理的材料库存规划，确保足够的建筑材料储备，就能在天气恢复时迅速恢复施工，保证项目顺利进行。

2.减少运输成本

合理的材料库存可以减少频繁采购和交通运输带来的成本。通过集中采购和库存管理，项目经济管理团队可以更好地控制材料采购时间和数量，减少材料的紧急运输和分散运输，从而降低运输成本，并提高物流效率。

例如：在大型工程项目中，通常会选择在项目附近或便捷的区域设立临时材料库存点，将大批量的材料集中存放。这样一来，可以减少从远处运输材料的次数，降低运输成本。

3.应对突发情况

合理的材料库存为项目经济管理团队提供了应对突发情况的准备。在供应链中断、市场波动或其他紧急情况下，项目经济管理团队可以依靠库存储备，确保项目不受外部因素的影响，保持稳定运作。

例如：在全球疫情暴发期间，许多行业的供应链受到了严重影响。对于那些建立了合理材料库存的企业，即使供应链中断，也能继续生产，并保持供应能力。而没有建立库存的企业可能会因为材料短缺而被迫停产。

合理的材料库存对于项目经济管理具有重要意义。它不仅能确保项目顺利进行，减少运输成本，还能提供应对突发情况的保障。因此，项目经济管理团队应该在项目规划阶段制定科学的库存策略，合理规划材料库存，以实现经济效益的最大化。

（四）合理库存的管理方法

1. 定期盘点

项目经济管理团队应该建立定期盘点制度，按照一定的时间周期对库存进行实时监控和管理。定期盘点的频率可以根据项目的特点和需求确定，可以是每周、每月或每季度进行一次。通过定期盘点，项目经济管理团队可以及时了解库存情况，核实库存数据的准确性，避免因为盲目采购或管理不善造成的库存积压和浪费。

制订盘点计划。确定盘点的时间、地点、负责人等，并通知相关人员准备。

盘点准备。清点库存物品，检查物料标识和数量是否与系统记录一致。

记录库存数据：记录盘点结果，包括实际库存数量、损耗情况、库存状态等。

盘点调整。对发现的库存差异进行调整，确保库存数据的准确性。

分析盘点结果。根据盘点结果分析库存状况，制定相应的补货和管理策略。

2. 制定安全库存

安全库存是指在正常供应链运作条件下，为应对供应链中断或不确定性因素而储备的库存量。合理制定安全库存水平对于项目经济管理至关重要。安全库存的确定需要综合考虑供应链的可靠性、交货周期、市场波动等因素。

分析历史数据。通过分析过去一段时间的销售和供应数据，计算平均销售量和供应周期，再根据所需的服务水平确定安全库存水平。

基于需求预测。利用市场需求预测模型对未来的需求进行预测，再结合供应链的稳定性和服务水平要求，确定合理的安全库存水平。

3. 采用信息化管理系统

引入信息化管理系统是提高库存管理效率的重要手段。信息化管理系统可以帮助项目经济管理团队实时掌握库存情况，优化库存管理和补货策略。通过信息化管理系统，项目经济管理团队可以实现以下功能：

库存跟踪。实时监控库存数据，包括库存数量、库存位置、库龄等信息。

预警提醒。设定库存预警值，当库存低于或高于预警值时，系统自动发出提醒，方便及时补货或调整库存。

数据分析。对库存数据进行分析和统计，帮助项目经济管理团队制定合理的库存管理策略。

供应链协作：信息化管理系统可以与供应商的系统进行对接，实现库存数据的共享和协作，优化供应链运作。

4. 与供应商合作

与供应商建立合作伙伴关系是优化库存管理的重要途径。供应商是项目材料的主要来源，与供应商建立紧密的合作关系，可以更好地协调供应链，提高供应链的效率和灵活性。

1. 及时信息共享。与供应商建立信息共享机制，及时了解供应链上游的物料供应情况，预测可能出现的短缺或延迟供应情况，从而调整库存策略。

2. 灵活供应安排。建立灵活的供应安排，根据项目实际需求进行灵活调整和补货，避免因为库存不足而影响项目进度。

协同应对风险。与供应商共同应对供应链中的风险，例如市场波动、自然灾害、供应链中断等。通过与供应商紧密合作，可以共同制定风险应对方案，共担风险，保障项目的稳定运行。

（五）节约用材与合理库存的经济效益

1. 降低成本

节约用材和合理库存可以减少不必要的采购和库存成本。合理的材料采购和库存管理可以降低项目的总成本，提高经济效益。

2. 提高效率

节约用材和合理库存可以提高项目的运作效率。节约用材减少了不必要的消耗和浪费，而合理库存确保了项目的持续运转，减少了因材料短缺而导致的停工和延期，从而提高了项目的工作效率。

3. 降低风险

合理库存可以增加项目的抗风险能力。在面对供应链中断或市场波动时，有足够的安全库存可以保障项目的正常运转，降低项目面临的风险和不确定性。

4. 提高竞争力

优化材料采购和库存管理可以使项目在市场上具备更强的竞争力。通过节约用材和合理库存，项目可以提供更具竞争力的价格和更高品质的产品，吸引更多客户，增加市场份额。

通过精心规划和有效执行，项目经济管理团队可以在保障项目质量和进度的同时，最大程度地降低成本，提高经济效益，增强项目的竞争力，实现项目的成功与可持续发展。为此，项目经济管理团队需要加强对节约用材与合理库存的认识，不断改进管理方法和技术手段，不断推进项目经济管理水平的提升。

三、材料质量把关

在工程材料进场时进行严格的检验和测试，确保材料符合相关标准和要求。优质材料可以提高工程质量，减少后期维修和处理问题的成本。

（一）提高工程质量和可靠性

工程质量是工程项目的核心指标，而材料质量直接影响工程的安全性、可靠性以及使用寿命。通过严格把关材料质量，可以确保使用优质材料，这些材料具有较好的性能和耐久性，能够有效提高工程质量和可靠性。例如，在建筑工程中，选用优质的钢材可以增强结构的稳定性和承载能力，从而提高建筑物的抗震性能。

1. 优质材料提高工程结构的稳定性和安全性

在工程项目中，结构稳定性和安全性是至关重要的。选择优质材料可以有效提高工程结构的稳定性，确保其能够承受设计荷载和外部压力的作用。例如，在桥梁工程中使用高强度钢材可以增加桥梁的承载能力，使其能够安全地承受车辆和行人的通行。

2. 优质材料延长工程使用寿命

优质材料通常具有较好的耐久性和抗老化性能，能够有效延长工程的使用寿命。例如，在道路铺设中选用耐久性好的沥青材料可以降低路面的磨损程度，延缓路面的老化和损坏，从而减少维修和更换成本，提高道路的使用寿命。

3. 优质材料提高工程的抗风险能力

工程项目面临着各种风险，如自然灾害、人为破坏等。使用优质材料可以提高工程的抗风险能力，使其在面对突发情况时能够更好地保持稳定和安全。例如，在建筑工程中选用防火性能好的建筑材料可以降低火灾风险，保护建筑物和人员的安全。

4. 优质材料减少维修和更换成本

优质材料通常具有更好的耐久性和抗磨损性能，使其在使用过程中更加稳定可靠，不易出现损坏和故障。这样可以降低工程维修和更换的频率和成本，减少对项目经济的影响。例如，在铁路轨道铺设中选用耐磨性好的钢轨可以延长轨道的使用寿命，减少轨道的维修成本。

5. 优质材料提升工程项目的信誉和形象

优质材料不仅能够提高工程质量，还能够增强工程项目的信誉和形象。优质的工程项目往往能够赢得用户的好评和口碑，有利于项目的推广和业务拓展。例如，在房地产开发项目中，优质的建筑质量可以吸引更多购房者，提高项目的销售和市场竞争力。

优质材料可以增强工程的稳定性和安全性，延长使用寿命，提高抗风险能力，同时减少维修和更换成本，提升工程项目的信誉和形象。因此，在项目经济管理中，要重视材料把关工作，确保项目使用优质材料，为项目的成功实施和经济效益的实现提供坚实的基础。

（二）降低事故风险

材料质量问题往往是导致工程事故和质量问题的主要原因之一。使用劣质材料或者不符合标准的材料容易导致工程出现隐藏的安全隐患。严格把关材料质量可以有效降低事故风险，避免由于材料质量问题引发的意外事件和损失。例如，在桥梁工程中，选用优质的混凝土和钢材可以确保桥梁的承载能力和稳定性，减少桥梁倒塌等事故的发生可能性。

1. 严格执行材料验收标准和规范

在材料采购阶段，项目经济管理团队应严格执行相关的材料验收标准和规范。通过对材料的外观、尺寸、性能等方面进行全面检测和测试，确保材料符合国家标准和项目要求。例如，对于钢材，可以进行拉伸试验、冲击试验等，以确保其强度和韧性满足工程要求。

项目经济管理团队应与可靠的供应商建立合作关系，并对供应商进行严格的筛选和审核。选择有信誉和经验的供应商可以保证材料的质量可控，减少劣质材料的可能性。对于新供应商，还可以进行实地考察和样品检验，以确保其产品的质量和稳定性。

建立供应商绩效评估制度，定期对供应商的产品质量和服务进行评估。对于表现不佳的供应商，及时采取措施加以纠正或者寻找替代供应商，确保项目采购的材料始终具有稳定的质量。

2. 强化材料使用过程的监控和检查

在材料使用过程中，项目经济管理团队应加强现场监控和检查，确保材料的正确使用和质量控制。特别是在施工过程中，要严格按照工程设计和施工方案要求使用材料，避免使用不合格材料或者超范围使用材料。

建立材料使用档案。对每一批次的材料进行记录和归档，包括材料的生产厂家、生产日期、批号等信息。通过建立材料使用档案，可以实时掌握材料的来源和质量信息，为追溯和排查问题提供依据。

增加材料抽检频次。在施工现场对材料进行抽检，增加抽检频次，确保施工过程中的材料质量。抽检结果作为重要依据，如果发现问题材料，及时进行替换或返厂处理。

3. 加强项目参与者的材料质量意识

项目经济管理团队应加强项目参与者的材料质量意识教育。通过培训和宣传，提高项目参与者对材料质量的认识和重视程度，让每个人都认识到严格把关材料质量对工程安全和质量的重要性。

建立相应的奖惩制度，对于发现材料质量问题的及时纠正和处理给予奖励，对于故意或者严重违规使用劣质材料的行为进行严肃处理。奖惩制度可以增强项目参与者的责任心和积极性，促进材料质量把关工作的落实。

4. 加强与监督部门的沟通与合作

项目经济管理团队应与相关监督部门建立密切的沟通和合作关系。及时向监督部门报告材料质量情况，接受监督和检查，确保项目材料质量工作符合相关法律法规和标准要求。

在必要时可以委托第三方机构对材料质量进行检测和评估，确保材料质量的稳定性和可靠性。第三方检测机构通常具有专业的技术和设备，能够对材料进行更加全面和客观的评估，为项目经济管理团队提供独立的质量评估和监督，确保材料的质量符合要求。

5. 加强事故案例分析和经验总结

项目经济管理团队应密切关注工程项目中发生的事故案例，并进行深入分析和经验总结。通过对事故原因和问题进行剖析，可以及时发现并排除存在的材料质量问题，防范类似事故的再次发生。

根据事故分析和总结，将相关经验和教训整理成事故预防措施库，供项目经济管理团队参考和借鉴。在新的工程项目中，可以根据事故预防措施库的指导，采取相应的预防措施，提高工程的安全性和可靠性。

6. 采用先进技术和材料

不断引进和应用先进的技术和材料，是提高工程质量和可靠性的重要手段之一。随着科技的不断进步，新型的工程材料和技术不断涌现，具有更好的性能和可靠性。项目经济管理团队应积极关注技术发展趋势，选择适用于项目的先进技术和材料，提高工程的技术水平和质量标准。

在引进新技术和材料之前，进行充分的技术论证和应用试验是必要的。通过试验和试验数据的验证，可以评估新技术和材料的适用性和可靠性，确保其在工程项目中的可行性和有效性。

（三）减少后期维修和处理成本

优质材料通常具有较长的使用寿命和良好的性能，能够减少工程后期的维修和处理成本。相比于使用劣质材料，投入更多的预算选用优质材料可能在短期内增加了初期成本，但长期来看却降低了维修、更换等后期成本。例如，在道路建设中，选用高质量的路面材料和防腐材料可以降低道路的日常维护和修复费用。

1. 延长使用寿命

优质材料通常具有较长的使用寿命，能够在一定程度上延缓材料的老化和磨损过程。例如，在建筑工程中，使用高品质的水泥和混凝土可以提高建筑物的耐久性，减少裂缝和变形的情况发生，从而降低了后期维修和加固的需求。

优质材料的耐用性更强，相对于劣质材料来说，其在使用过程中更不容易损坏和失效。因此，在工程项目中使用优质材料可以减少维修的频率，节约了人力、物力和时间成本。

2. 提高施工质量

优质材料在施工过程中更易操作，能够更好地满足工程的设计要求。例如，在铁路建设中，使用高品质的钢轨和道岔材料可以保证铁路线路的平整度和稳定性，减少了因材料质量问题引发的事故和故障，降低了后期维修和调整的成本。

3. 减少更换成本

优质材料的耐用性和稳定性更高，相对于劣质材料来说更不容易出现损坏和失效。因此，在使用优质材料的工程项目中，更换材料的频率和规模会大大降低。例如，在设备制造中，选择高品质的零部件可以延长设备的使用寿命，减少更换零部件的次数和费用。

4. 预防问题的发生

优质材料通常具有更稳定的性能和质量，使用过程中更少出现质量问题。在建筑工程中，选用高品质的防水材料和保温材料可以预防漏水和能耗过高等问题的发生，避免后期进行大规模的翻修和改造。

5. 提高项目声誉与信誉

通过使用优质材料保证工程质量，项目经济管理团队可以提升项目的声誉与信誉。高质量的工程项目往往能够得到客户和社会的认可，为未来项目的获取和发展带来更多机遇。

6. 节约时间和人力成本

由于优质材料的使用减少了维修和更换的频率，项目经济管理团队不需要投入过多的时间和人力进行后期维护。这样可以将更多的精力集中于其他工程阶段的管理和优化，提高整体工程的效率和经济效益。

尽管初期投入可能会有所增加，但长期来看，优质材料的使用能够大幅减少维修、更换以及处理问题所需的成本，为项目的经济效益和可持续发展带来显著的优势。

（四）材料把关的案例分析

1. 项目背景和材料需求规划

项目背景。在现代交通建设中，高速公路是城市和地区发展的重要支撑和基础设施。一座高速公路的建设不仅关系到交通运输的便捷性和通行效率，还涉及行车安全、交通流畅等方面的要求。因此，在高速公路建设项目中，材料的质量直接影响到公路的安全性、可靠性以及使用寿命。

材料需求规划。项目经济管理团队首先根据工程设计要求和技术规范，详细规划了高速公路建设所需的材料类型、数量、规格等信息。例如，道路基层材料需要选用适宜的碎石、砂石等，路面材料需要选用高性能的沥青和水泥混凝土等。材料需求规划是保证项目顺利进行的基础，它直接关系到后续材料采购和把关工作的开展。

2. 供应商竞争性招标与评估

供应商竞争性招标。为了确保选用优质的材料，项目经济管理团队采取了供应商竞争性招标的方式，邀请多家供应商参与投标。招标过程中，项目方明确了材料质量要求和技术标准，使得供应商在公平竞争的基础上，提供最优质的产品和服务。

供应商评估。在招标结束后，项目经济管理团队对各供应商进行评估，综合考虑其信誉、供货能力、供货经验、质量控制体系等因素，最终选定了信誉良好、具有丰富供货经验的供应商。这样做有助于确保材料的稳定供应和质量保障。

3. 确定材料质量标准与检验措施

材料质量标准。项目经济管理团队与技术部门共同确定了高速公路建设所需材料的质量标准和性能要求。这些标准通常参照国家相关规范和行业标准，明确了材料的物理性能、化学成分、外观质量等方面的要求。

检验措施。为了确保材料的质量符合标准，项目经济管理团队建立了完善的检验措施。在材料进场时，进行抽样检验，对材料的外观、尺寸、强度等进行实时监控和检验。对于不符合标准的材料，及时予以拒收和替换，确保工程所用材料的合格率。

实施信息化管理系统。项目经济管理团队引入信息化管理系统，对材料把关的过程进行全面监控和管理。信息化管理系统可以实时掌握材料的进场情况、检验结果、库存情况等信息，帮助项目方及时发现问题和解决问题，提高材料把关的效率和准确性。

4. 结果与效益

工程质量得到保障。严格把关材料质量，确保了公路建设所用材料的合格率和稳定性，从而保障了工程质量和施工安全性。工程建成后，公路的使用寿命和性能得到有效提升，为交通运输提供了可靠的保障。

后期维修和处理成本降低。优质材料的使用延长了公路的使用寿命，减少了后期维修和处理成本。因为材料质量得到了保障，道路不易出现开裂、坑洼等问题，减少了日常维护和修复的频率，节约了后期的维修费用。

项目声誉提升。优质公路工程的建设使得项目的声誉得到提升，项目得到了政府和公众的认可。项目经济管理团队在材料把关方面的严格措施，树立了项目的良好形象和口碑，为未来的工程项目赢得了更多信任和合作机会。

提高投资回报率。虽然在初期材料采购环节，选用优质材料可能会增加一定的成本，但通过提高工程质量和降低后期维修成本，最终可以显著提高投资回报率。优质公路工程能够吸引更多用户和交通运输需求，带来更多的经济效益和社会效益。

5. 案例启示与总结

通过以上案例分析，我们可以得出以下启示和总结：

材料把关对工程项目的重要性。材料是工程建设的基础和核心，直接关系到工程质量和可靠性。严格把关材料质量是确保工程项目安全、稳定、可持续运行的重要环节，也是降低后期维修成本和提高投资回报率的关键。

供应商选择与合作的重要性。与信誉良好、有丰富供货经验的供应商建立长期稳定地合作关系，能够保障材料的质量和供应稳定。供应商的选择和合作对于材料把关的成功至关重要。

引入信息化管理系统提升效率。引入信息化管理系统可以实现材料把关过程的全面监控和管理，提高工作效率和准确性。信息化管理系统为项目经济管理团队提供了更多数据支持和决策依据。

材料把关对项目经济效益的影响。严格把关材料质量可以降低事故风险，减少后期维修和处理成本，提高工程质量和可靠性，从而为项目带来更好的经济效益。虽然在初期可能会增加一定的成本，但从长期来看，这些投入能够获得更大的回报。

通过严格把关材料质量，项目经济管理团队能够提高工程质量和可靠性，降低事故风险和后期维修成本，从而为项目带来更好的社会效益和经济效益。因此，在项目实施过程中，应高度重视材料把关工作，采取科学有效的措施和方法，确保工程项目取得优异的综合效果。

第三节　施工机械的配置情况

施工机械是工程项目实施中的关键工具，对项目的施工效率和质量有着重要影响。新时期的工程项目经济管理需要合理配置适用的施工机械，提高施工效率和质量，减少不必要的人工成本和时间。

一、选用适用机械

在项目实施前，项目经济管理团队应该充分了解工程项目的具体需求，选用适合的施工机械。不同类型的施工机械可以在不同的工程环节发挥各自的优势，提高施工效率和质量。例如，对于土建工程，可以选用大型挖掘机和装载机进行土方开挖，以提高开挖效率；对于钢结构安装工程，可以选用塔吊和起重机进行吊装作业，提高安装速度和安全性。

（一）了解工程项目需求

在选用适用机械之前，项目经济管理团队需要对工程项目的具体需求进行全面了解和分析。这包括工程项目的类型、规模、施工周期、地理环境等因素。只有充分了解项目需求，才能选择合适的施工机械，以提高施工效率和质量。

1. 工程类型和规模

不同类型和规模的工程项目对施工机械的要求不同。例如，大型基础设施项目可能需要大型的挖掘机和装载机进行土方开挖和回填，而小型建筑工程可能只需要小型挖掘机和推土机即可满足需求。

2. 施工周期

工程项目的施工周期也是选择适用机械的重要考虑因素。如果项目周期较短，需要考虑选用效率较高的机械设备，以确保项目按时完成；而如果项目周期较长，可以考虑选用性能稳定且耐用的机械设备，以降低维护和更换成本。

3. 地理环境

工程项目所处地地理环境也会影响机械设备的选择。例如，对于山区或沼泽地区的工程项目，可能需要选用具有良好通过性和越野能力的机械设备。

（二）选择适用机械

根据工程项目的具体需求，项目经济管理团队可以选择适用的施工机械。在选择机械时，应该综合考虑以下因素：

1. 机械设备的性能和技术参数

不同机械设备具有不同的性能和技术参数，例如功率、承载能力、工作效率等。项目经济管理团队应该根据项目需求，选择具备合适性能的机械设备。

2. 机械设备的品牌和质量

优质的机械设备通常具有更好的性能和稳定性，可以提高施工效率和质量。因此，项目经济管理团队应该选择具有良好信誉和高质量的机械设备品牌。

3. 机械设备的维护和服务支持

及时地维护和服务支持对于机械设备的正常运转至关重要。项目经济管理团队应该选择那些提供及时维护和服务支持的机械设备供应商。

（三）提高施工效率和质量

通过选用适用的施工机械，可以显著提高施工效率和质量。

1. 提高施工效率

选用高效的施工机械可以加快施工速度，减少施工周期。例如，使用大型挖掘机进行土方开挖，可以快速完成土方工程，节省施工时间。

2. 提高施工质量

适用的施工机械能够提供更稳定和精确的施工操作，从而提高施工质量。例如，使用精确的激光平整机进行地面平整，可以确保道路表面平整度符合要求。

（四）案例分析

以一座桥梁工程项目为例，项目经济管理团队在施工前充分了解了项目需求，并选择了适用的施工机械。在桥梁的基础施工阶段，选用了大型挖掘机和装载机进行土方开挖和回填，提高了开挖效率。在桥梁的钢结构安装阶段，选用了大型塔吊和起重机进行吊装作业，确保了安装速度和安全性。通过选用适用机械，该桥梁工程项目顺利完成，施工效率和质量均得到显著提升。

（五）总结与展望

选用适用的施工机械对于工程项目的顺利进行和取得优异综合效果至关重要。项目经济管理团队应该在项目实施前充分了解项目需求，选择具有合适性能和品质的施工机械。在选择机械设备时，需要综合考虑项目的类型、规模、施工周期和地理环境等因素，确保选用的机械设备能够最大程度地满足工程项目的需求。

二、合理规划施工机械使用时段

项目经济管理团队需要合理规划施工机械的使用时段，避免机械闲置导致的资源浪费。根据项目进度和需求，合理安排施工机械的调度，确保机械能够充分发挥效益。

（一）施工机械使用时段的规划原则

在规划施工机械使用时段时，项目经济管理团队应遵循一些原则，最大限度地提高机械的利用率和效率。

1. 高峰期优先原则

在项目进度较紧张的高峰期，应优先安排施工机械的使用，确保工程按时完成。高峰期通常是指工程进入重要节点、关键工序或需要集中施工的阶段。

2. 合理轮换原则

对于多台相同或相似性能的施工机械，可以采取轮换使用的方式，避免某台机械连续使用过久而导致损坏或过度磨损。

3. 临时需求优先原则

对于临时性、短期性的特殊需求，如突发工程、紧急修复等，应优先满足这些需求，及时调配相应的施工机械。

4. 节假日合理安排原则

在节假日或不适宜施工的时段，如重要节日、天气恶劣等，可以适当减少机械使用，以节省成本和保障机械的正常维护。

（二）施工机械使用时段的合理规划方法

1. 施工计划的制订

项目经济管理团队应制订详细的施工计划，明确工程项目的各个阶段和关键节点，以及需要使用施工机械的具体工序和时间节点。

2. 机械使用时间表

根据施工计划，制定机械使用时间表，详细规定各台机械的使用时段，确保在关键节点和高峰期能够充分调动机械资源。

3. 施工机械的调度管理

建立施工机械的调度管理系统，实时掌握机械的工作状态和使用情况。根据施工进度和需求，及时进行机械的调度和安排，确保机械能够在需要的时候及时到位。

4. 优化机械使用流程

优化施工流程，合理安排施工顺序，避免机械的重复使用和闲置。通过合理的机械使用流程，提高机械的利用率和效率。

（三）施工机械使用时段的案例分析

以一个大型基础设施建设项目为例，项目经济管理团队采取了合理规划施工机械使用时段的措施。首先，团队制订了详细地施工计划，明确了工程项目的各个阶段和关键节点。其次，根据施工计划，制定了机械使用时间表，规定了各台机械的使用时段并合理调度安排。在高峰期和关键节点，项目经济管理团队优先调配了大型挖掘机和装载机等关键设备，确保工程进度和施工质量。同时，对于多台相同性能的机械设备，团队采取轮换使用的方式，避免机械连续使用过久而导致磨损和故障。通过合理规划施工机械使用时段，该项目成功完成了工程建设，避免了机械资源的浪费，提高了工程项目效率和质量。同时，该团队还根据施工进度和需求，灵活调度机械资源，及时满足临时性、紧急性的特殊需求，保障了工程项目的顺利进行。

在节假日或不适宜施工的时段，该项目团队也合理安排了机械使用，以节省成本和保障机械的正常维护。通过建立施工机械的调度管理系统，项目经济管理团队实时掌握机械的工作状态和使用情况，能够及时调度和安排机械，提高了机械的利用率和效率。

通过制订施工计划、机械使用时间表，优化机械使用流程和建立调度管理系统等措施，可以最大限度地提高机械的利用率和效率，确保工程项目按时完成，达到经济和质量的双重目标。在实际工程项目中，项目经济管理团队应根据具体情况和需求，灵活运用这些原则和方法，不断优化机械使用规划，提升工程项目的综合效益。

三、维护保养施工机械

定期对施工机械进行维护保养是保证施工效率和延长机械寿命的重要措施。项目经济管理团队需要建立健全的机械维护计划，定期检查和保养施工机械，防止因机械故障导致的生产中断产生维修成本。

（一）维护保养施工机械的重要性

1. 提高施工效率

定期维护保养施工机械可以确保机械设备处于良好的工作状态，减少因机械故障造成生产中断产生停工时间。良好的机械状态能够保证施工进度的顺利推进，提高施工效率。

2. 延长机械寿命

定期维护保养可以延长施工机械的使用寿命。经常性地检查、润滑和更换磨损件能够减少机械设备的磨损程度，降低故障发生的可能性，延长机械的使用寿命，减少更换成本。

3. 降低维修成本

定期维护保养有助于及早发现机械设备的隐患和问题，可以在故障加剧之前及时进行维修，避免因大修或更换零部件而产生高额的成本。

4. 提高施工安全

维护保养能够确保施工机械的安全性能，减少由于机械故障导致的安全事故的发生。保证机械的稳定性和可靠性，为施工人员提供安全的工作环境。

（二）建立健全的施工机械维护保养计划

1. 制定维护保养流程

建立详细的维护保养流程和标准，规定不同类型机械的维护周期和具体维护内容，确保维护工作有条不紊进行。

2. 确定责任部门和人员

明确施工机械维护保养的责任部门和负责人员，建立专门的维护保养团队，负责实施维护计划和维护记录。

3. 做好维护记录

建立维护保养记录，详细记录每次维护保养的时间、内容和维护人员，以便跟踪机械的使用情况和维护效果。

4. 定期检查和维护

按照维护保养计划，定期对施工机械进行检查和维护，包括润滑、清洁、调整和更换磨损部件等。

5. 及时处理故障

如发现机械故障或异常情况，及时停机检修，防止故障扩大，保障施工的连续进行。

（三）维护保养施工机械的案例分析

在一个大型建筑工程项目中，项目经济管理团队高度重视施工机械的维护保养工作。团队首先制定了维护保养流程，规定了各类施工机械的维护周期和维护内容。每个施工机械都配备专门的维护保养人员，负责执行维护计划和记录维护情况。定期对施工机械进行检查和维护，及时清洁和润滑，更换磨损部件，保证机械设备处于良好状态。

在一次例行的维护检查中，发现了一台挖掘机液压系统的异常情况。维护人员立即停机检修，并及时联系厂家技术人员进行故障分析。经过专业维修和更换故障零部件，成功修复了液压系统，避免出现的大面积故障，保证了施工进度。通过定期维护保养，项目团队顺利完成了建筑工程项目，提高了施工效率，降低了维修成本，确保了工程质量和施工安全。

四、机械租赁和购买选择

在一些项目中，购买昂贵的施工机械可能并不划算，因此，项目经济管理团队需要考虑租赁机械的选择。租赁机械可以根据项目实际需求灵活调整，避免长期资产投入和维护成本，降低项目总成本。

（一）机械租赁和购买选择的考虑因素

1. 项目持续时间

如果项目持续时间较短，租赁机械可能更为经济合理。购买昂贵的机械设备可能导致长期资产投入，而租赁可以根据实际需要按需调整，避免机械长期闲置并降低维护成本。

2. 机械使用频率

若施工机械使用频率较高且持续时间较长，购买可能更为划算，因为租赁费用可能会随着时间累积而超过购买成本。

3. 项目预算

项目经济管理团队需要充分考虑项目预算，根据预算状况决定是购买还是租赁机械。如果项目预算充足且可支配的资金较多，购买机械可能是一个合理的选择。

4. 机械维护成本

购买机械意味着项目团队需要承担维护和保养的成本，包括零部件更换、修理等费用。如果项目团队没有足够的技术支持和维修团队，可能更倾向于选择租赁，让租赁公司负责机械的维护工作。

5. 机械性能和规格

项目经济管理团队需要根据工程项目的具体需求选择适合的施工机械。如果需要特殊规格和性能的机械，可能在市场上难以找到适合租赁的机械，而购买能够满足特定需求。

6. 技术更新

一些高新技术的施工机械可能在不久后会被更新换代，购买这类机械可能存在被淘汰的风险。在这种情况下，租赁可以更容易地跟随技术进步进行机械更新。

（二）机械租赁和购买选择的案例分析

在一个大型基础设施项目中，项目经济管理团队面临是否购买挖掘机的选择。经过综合考虑，团队决定选择租赁挖掘机。首先，项目持续时间较短，仅需挖掘机用于特定施工阶段，购买挖掘机可能造成长期资产闲置。其次，项目预算有限，无法承担高昂的机械购买成本。而且，在项目地区有专业的挖掘机租赁公司，可以提供合适规格的挖掘机，并负责维护和保养，减轻项目团队的负担。

在另一个长期建设的房地产项目中，项目经济管理团队决定购买塔吊设备。由于项目持续时间较长，需要长期使用塔吊进行建筑物的高层施工。购买塔吊可以降低长期租赁费用，同时也方便项目团队根据需要进行灵活调度和安排。此外，项目团队也有足够的技术支持和维修团队，可以自行负责塔吊的维护和保养，节约维护成本。

在决策过程中，项目经济管理团队需要综合各项因素，以降低项目成本并确保施工机械的高效使用。

第四节　项目资金的配置情况

项目资金的合理配置对于项目经济管理至关重要。新时期的工程项目经济管理需要制定科学的资金筹措方案，确保项目资金的稳定来源，以及在项目实施过程中的合理使用和回收。

一、制定科学的资金筹措方案

在项目启动阶段，项目经济管理团队需要制定科学的资金筹措方案。资金筹措方案应考虑项目的投资规模、资金需求、融资成本等因素，选择合适的融资方式，确保项目资金的充足和稳定来源。

（一）项目资金需求估算

1. 确定项目投资规模。项目经济管理团队首先需要确定项目的投资规模，包括工程建设投资、运营资金等。投资规模是资金筹措方案制定的基础。

2. 估算资金需求。根据项目的工程量、工程阶段、成本估算等信息，对项目资金需求进行详细估算。确保项目在各个阶段的资金需求能够得到充分满足。

（二）资金筹措方式选择

1.自筹资金。项目经济管理团队应优先考虑自筹资金，包括企业自有资金、股东投资、利润留存等。自筹资金能够降低融资成本，减少财务风险。

2.外部融资。如果项目自筹资金不足，需要考虑外部融资。外部融资方式包括银行贷款、发行债券、股权融资等。项目经济管理团队需要综合考虑各种融资方式的利息、期限、还款方式等因素，选择最适合项目的融资方式。

（三）融资成本评估

1.贷款利率。如果选择银行贷款，项目经济管理团队需要与多家银行洽谈，比较不同银行的贷款利率和条件，选择最优惠的贷款方案。

2.债券发行费用。如果选择发行债券，项目经济管理团队需要评估债券发行的费用，包括承销费、信用评级费等，确保债券发行的成本合理。

3.股权融资成本。如果选择股权融资，项目经济管理团队需要考虑股权出售的成本，包括发行费用、股权估值等。

（四）资金使用监控和管理

1.资金使用监控。项目经济管理团队需要建立资金使用监控机制，实时跟踪资金的使用情况，确保资金使用合理、高效。

2.资金管理。对于融资所得的资金，项目经济管理团队需要进行合理的资金管理，包括资金分配、投资等，最大程度地保值增值。

（五）资金筹措方案的落实和调整

1.落实方案。项目经济管理团队需要将制定好的资金筹措方案落实到实际操作中，与相关金融机构签订融资协议，进行资金的划拨和使用。

2.调整方案。在资金筹措过程中，由于外部环境和项目情况的变化，资金筹措方案可能需要进行调整。项目经济管理团队应密切关注市场动态和财务状况，及时对资金筹措方案进行调整和优化，以确保项目资金的稳定供应。

二、合理规划项目资金使用

在项目实施过程中，项目经济管理团队需要合理规划项目资金的使用。根据项目进度和需求，科学制订预算和资金计划，确保项目资金的合理分配和有效使用。

（一）制订详细预算和资金计划

1.项目需求分析。项目经济管理团队应对项目的各项需求进行全面地分析和评估。通过了解项目的实际情况，明确项目所需资金的来源和用途，为制订详细的预算和资金计划奠定基础。

2.编制项目预算。根据项目需求和实际情况，项目经济管理团队需要编制项目预算。预算应包括各项费用的具体金额，如人工费、材料费、设备费、管理费等，以及各个阶段的资金需求。

3.考虑风险因素。在制订预算和资金计划时，项目经济管理团队需要考虑可能的风险因素，如价格波动、市场变化、自然灾害等，合理留出一定的风险备用金，以应对意外情况。

（二）严格控制成本

1.合理采购。在项目实施过程中，项目经济管理团队应选择优质且价格合理的材料和设备，确保在满足项目要求的前提下降低成本。

2.管理费用控制。项目经济管理团队需要对项目的各项管理费用进行有效控制，避免不必要的开支，确保管理费用在合理范围内。

3.劳动力成本优化。合理规划项目人员的配置和使用，确保充分发挥每个人员的作用，避免人员闲置和重复劳动，优化劳动力成本。

（三）灵活调整资金分配

1.阶段性资金分配。根据项目进度和需求，将资金分配分为不同的阶段，确保每个阶段的资金充足，有针对性地调整资金使用。

2.优先保障关键节点。在项目的关键节点，项目经济管理团队需要优先保障资金需求，确保关键节点的工作顺利进行。

3.按需分配。在项目实施过程中，项目经济管理团队需要根据实际需求和工作进展，灵活调整资金的分配，确保资金的合理使用。

三、风险评估和资金回收

项目经济管理团队需要对项目进行风险评估，预判可能出现的资金风险。同时，要建立资金回收机制，及时回收项目资金，确保按时足额完成偿还义务。

（一）风险评估

1.风险识别与分类。项目经济管理团队需要在项目启动阶段，对可能影响项目资金回收的风险进行全面地识别和分类。这些风险可以包括市场风险、技术风险、政策风险、信用风险等。

2.风险影响分析。对于已经识别的风险，项目经济管理团队需要进行风险影响分析，评估各个风险对项目资金回收的可能影响程度。这样可以为后续制定应对方案提供依据。

3.风险概率评估。除了评估风险的影响程度，项目经济管理团队还需要对各个风险的发生概率进行评估。这将有助于确定重点关注的风险，并合理分配应对资源。

4.风险应对方案。在对风险进行评估的基础上，项目经济管理团队需要制定相应的风险应对方案。针对不同类型的风险，采取不同的应对措施，以降低风险对项目资金回收的影响。

（二）资金回收机制

1.确定回收周期。项目经济管理团队需要根据项目的特点和资金需求，确定资金回收的周期。根据项目进度和资金回收计划，合理安排资金回收时间节点。

2.建立回收流程。为确保资金回收的及时性和顺利性，项目经济管理团队需要建立完善的资金回收流程。明确回收的步骤、责任人和时间节点，确保资金回收的有序进行。

3.监控回收进度。项目经济管理团队需要建立资金回收的监控机制，实时掌握回收进度和资金回收的情况。及时发现问题，采取措施解决，确保按时足额完成资金回收。

4. 处理逾期回收。如果在资金回收过程中出现逾期回收情况，项目经济管理团队需要及时与相关方进行沟通，寻找解决方案，尽量减少逾期回收带来的不利影响。

（三）风险与资金回收的案例分析

以新能源项目为例，项目经济管理团队进行了风险评估和资金回收的实践。在风险评估阶段，团队识别了市场风险、政策风险和技术风险等。针对市场风险，团队制定了多元化的销售策略，降低市场波动对项目资金回收的影响；对于政策风险，团队密切关注政策变化，及时调整经营策略；针对技术风险，团队加强技术研发和管理，确保项目按时完成并投产。

在资金回收机制方面，团队制订了详细的资金回收计划，并建立了监控机制。通过定期监控回收进度，及时发现回收问题并与相关方进行沟通，确保资金回收的顺利进行。在项目实施过程中，团队也注意处理逾期回收情况，通过与客户进行积极沟通，妥善解决逾期回收问题，最大程度地减少逾期带来的损失。通过以上风险评估和资金回收的措施，该新能源项目成功地规避了市场波动、政策变化和技术风险对资金回收的影响，保证了项目资金的充足和稳定来源。

在项目经济管理中，风险评估和资金回收是确保项目成功实施的重要环节。通过科学及风险评估，项目经济管理团队可以预判可能出现的风险，并制定相应的应对方案。在资金回收方面，建立完善的回收机制和监控系统，确保资金按时足额回收，减少逾期风险。综合运用风险评估和资金回收的方法，项目经济管理团队可以更加有效地规避风险，保障项目的顺利进行，并实现项目经济效益的最大化。

然而，值得注意的是，风险评估和资金回收工作并非一次性完成，而是需要持续不断地进行。随着项目的推进和外部环境的变化，可能会出现新的风险和挑战。因此，项目经济管理团队应不断更新风险评估，及时调整应对策略，确保项目经济管理工作始终处于科学、灵活和高效的状态。

四、资金监控和报告

项目经济管理团队需要建立资金监控和报告机制，及时跟踪项目资金的使用情况，发现问题并及时采取措施。定期向相关方汇报项目资金的使用情况和回收情况，保持透明度和高效性。

（一）建立资金监控机制

为了确保项目资金的有效使用和回收，项目经济管理团队需要建立一套科学的资金监控机制。这一机制旨在实时跟踪项目资金的流动和使用情况，及时发现资金使用中可能存在的问题，确保资金的合理分配和高效利用。资金监控机制应包括以下几个方面：

1. 设定预算目标。在项目启动阶段，团队应根据项目的规模和需求制订详细的预算计划。预算计划应该涵盖各个方面的费用，包括人力资源、设备采购、材料费用、工程施工等。预算目标的设定将为后续的资金监控提供基础和依据。

2. 建立监控指标。项目经济管理团队需要根据预算目标制定相应的监控指标，以便对项目资金的使用情况进行实时监测。监控指标可以包括每个阶段的预算执行情况、费用支出明细、资金回收进展等。通过监控指标的设定，团队可以更加准确地了解项目资金的动态。

3. 实施成本控制措施。项目执行过程中，项目经济管理团队需要采取成本控制措施，防止资金的浪费和不必要的支出。这包括加强采购管理、优化资源配置、控制施工进度等方面。通过严格的成本控制，项目经济管理团队可以有效降低项目资金的使用成本。

4. 确定监控周期。团队应根据项目的特点和周期性制定监控周期。通常，项目资金的监控可以分为日常监控和定期监控两个层次。日常监控用于实时跟踪资金的支出情况，定期监控则用于对一段时间内的资金使用情况进行总结和分析。

（二）建立资金报告机制

资金报告是项目经济管理团队向相关方汇报项目资金使用情况和回收情况的重要手段。建立规范的资金报告机制可以保持项目管理的透明度和高效性，向相关方及时传递项目资金情况，提供决策支持。资金报告机制应包括以下几个要点：

1. 报告内容。资金报告应包括项目资金的支出情况、回收情况、预算执行情况、成本控制措施等。报告内容应具体、清晰，能够全面反映项目资金的动态和使用情况。

2. 报告频率。资金报告的频率应根据项目的需要和相关方的要求确定。一般而言，资金报告可以分为月度报告、季度报告和年度报告。较为复杂的项目可能需要更频繁的资金报告。

3. 报告形式。资金报告可以以书面报告、电子表格、图表等形式呈现。根据受众的不同，报告的形式可以灵活调整，以便更好地传递资金信息。

4. 报告接收方。资金报告的接收方主要包括项目投资方、相关政府部门、项目管理团队等。确保资金报告及时传递给相关方，以便他们了解项目资金的情况。

新时期工程项目经济管理应具备不同管理人才的合理配置，合理配置工程材料和施工机械，制定科学的资金筹措方案，确保项目资金的稳定来源和合理使用。通过这些因素的综合应用，可以提高项目的经济效益和竞争力，实现项目的可持续发展。

第六章　新时期工程项目经济管理的主要内容

第一节　工程项目的投资方案

工程项目的投资方案是项目启动的重要步骤，它需要明确项目的定位、目标，确定投资规模和资金来源等。投资方案为项目后续的经济评价和决策提供基础。

一、项目定位与目标

在制定工程项目的投资方案之前，首先需要明确项目的定位和目标。项目定位涉及项目所属行业、项目类型（如基础设施建设、房地产开发、能源工程等）、项目规模和地理位置等方面的内容。而项目目标则包括项目的经济目标、社会目标和环保目标等，如投资回报率、市场占有率、提供就业机会、节能减排等。

（一）项目定位

项目定位是指明确项目所属行业、项目类型、项目规模和地理位置等方面的内容。在制定工程项目的投资方案之前，明确项目定位是至关重要的，它直接影响项目后续的实施和运营。以下是项目定位的详细内容：

1. 行业分类。明确项目所属的行业分类，例如建筑工程、交通运输、能源开发、水利工程等。不同行业的项目具有不同的特点和要求，因此需要根据项目所属行业制定相应的投资方案。

2. 项目类型。确定项目的具体类型，如基础设施建设、住宅开发、商业地产等。项目类型决定了项目的特点和目标，对投资方案的制定有重要影响。

3. 项目规模。明确项目的规模大小，包括投资规模、项目面积、产能等。项目规模直接影响项目的投资额度和预期产出，需要根据实际情况进行合理规划。

4. 地理位置。确定项目的具体地理位置，包括城市、地区等具体位置。地理位置对项目的市场前景、资源获取等方面产生影响，需要综合考虑项目的地理位置优势和劣势。

（二）项目目标

项目目标是指项目的经济目标、社会目标和环保目标等方面的设定。项目目标是指项目实施的预期结果和目标，是投资方案的核心内容之一。以下是项目目标的详细内容：

1. 经济目标。明确项目的经济目标，包括投资回报率、盈利能力、市场占有率等。经济目标是投资方案的重要依据，需要确保项目的经济效益符合预期。

2. 社会目标。确定项目的社会目标，如提供就业机会、改善居住条件、促进地方经济发展等。项目对社会的贡献是评估项目价值的重要方面，需要考虑社会目标的实现途径和效果。

3. 环保目标。设定项目的环保目标，包括节能减排、资源利用等方面的要求。环保目标是社会关注的焦点之一，需要确保项目在实施过程中符合环保法规和标准。

4. 其他目标。根据项目的特点和要求，可能还有其他具体的目标，如技术创新目标、文化传承目标等。这些目标需要结合项目实际情况进行设定和规划。

项目定位和目标是制定工程项目投资方案的重要步骤，它需要明确项目所属行业、类型、规模和地理位置等方面的内容，以及项目的经济目标、社会目标和环保目标等。这些内容为投资方案的制定和实施提供了基础，确保项目能够顺利实现预期目标。

二、投资规模和资金来源

（一）投资规模

投资规模是指项目所需的总投资金额，它直接关系到项目的实施范围和规模大小。在确定投资规模时，需要考虑以下因素：

1. 技术要求。项目的技术要求决定了项目所需的设备、材料和技术投入。不同技术要求会对项目的投资规模产生影响，例如高技术含量的项目通常需要较大的投资。

2. 市场需求。分析市场需求，确定项目在市场上的定位和规模。投资规模应与市场需求相匹配，避免过度投资或投资不足。

3. 竞争情况。了解竞争情况，分析同行业竞争对手的投资规模和实力。合理确定投资规模，确保项目在市场竞争中具备竞争力。

4. 地区经济环境。考虑项目所处地区的经济环境和发展水平，适应当地的投资条件和市场需求。

5. 可行性研究。进行项目可行性研究，评估项目的投资回报率和风险。根据可行性研究的结果，调整投资规模，确保项目的经济可行性。

例如，某城市规划了一个新的商业综合体项目，根据市场需求和竞争情况，确定了总投资规模为一亿美元。投资规模包括土地购置、建筑物建设、设备采购、营销推广等，确保项目能够满足市场需求并取得良好的经济效益。

（二）资金来源

工程项目的资金来源是指项目所需资金的筹措途径，包括自有资金和外部融资等方式。在确定资金来源时，需要考虑以下因素：

1. 自有资金。项目方可以通过自有资金投入一部分资金，减少对外部融资的依赖，降低融资成本。

2. 银行贷款。向银行申请贷款是常见的融资方式之一。项目方可以根据项目的资金需求和信用状况，申请不同类型的贷款。

3. 股权融资。通过发行股权吸引投资者参与项目，增加项目的资金来源。

4. 政府资金支持。政府在推动项目发展和促进经济发展方面可能提供资金支持，项目方可以寻求政府的资金支持。

5. 其他融资方式。还可以考虑其他融资方式，如债券发行、私募融资等。

根据项目的资金需求和可行性研究结果，制定资金筹措方案。合理分配不同来源的资金，确保项目的资金充足和稳定。同时，要制订资金使用计划和还款计划，合理安排资金的使用和回收，防止资金短缺和浪费。

例如，某公司计划投资一个新的生产项目，资金需求为 5000 万元。公司决定通过自有资金投入 2000 万元，申请银行贷款 2000 万元，发行股权吸引投资者投入 1000 万元。通过这样的资金筹措方案，项目可以获得充足的资金支持，顺利实施生产计划。

三、投资回报与风险评估

（一）投资回报评估

投资回报评估是对项目预期收益进行财务分析和评估的过程，主要包括以下指标：

1. 投资回收期。投资回收期是指项目投资本金全部回收所需的时间。较短的回收期意味着项目投资回报较快，投资方案更具吸引力。

2. 净现值。净现值是将项目未来现金流折现到现在所得到的现值净额。净现值为正表示项目收益超过投资，为负表示项目收益低于投资。选择净现值为正的方案通常是经济上更有利的决策。

3. 内部收益率。内部收益率是使项目净现值等于零的贴现率。较高的内部收益率意味着项目的投资回报率更高，投资方案更有吸引力。

投资回报评估需要对项目的投资额、预期收益和现金流进行综合考虑。通过对不同投资方案进行比较分析，选择最优的方案，确保项目的投资回报率符合预期。

例如，某公司计划投资建设一座商业写字楼项目。经过财务分析，预计该项目的投资回收期为 5 年，净现值为 500 万元，内部收益率为 12%。与其他投资方案相比，该方案的投资回报较快，净现值为正，且内部收益率高，因此被认为是最优的投资方案。

（二）风险评估

工程项目的投资涉及一定的风险，可能面临市场风险、技术风险、政策风险、经营风险等。风险评估是对这些潜在风险进行识别、评估和处理的过程，主要包括以下步骤：

1. 风险识别。对项目可能面临的风险进行全面识别，包括外部环境风险和内部管理风险。分析项目所处行业、市场竞争、技术可行性等，确定可能影响项目的各类风险。

2. 风险评估。对已识别的风险进行评估，包括风险的概率和影响程度。根据评估结果，确定哪些是高风险、中风险和低风险，以及对项目的影响程度。

3. 风险控制措施。针对高风险和中风险，制定相应的风险控制措施。这些措施可以包括风险转移、风险规避、风险减轻等，以降低项目的不确定性。

4. 风险监测和应对。建立风险监测机制，定期跟踪和评估风险的发展情况。一旦发现风险发生，及时采取相应的应对措施，避免风险对项目造成严重影响。

例如，某公司计划投资兴建一个新的高科技产品生产线。在风险评估过程中，发现市场竞争风险较高，可能面临产品技术更新换代导致市场需求下降的风险。为了控制这一风险，公司决定增加产品研发投入，保持产品技术领先，确保项目的竞争力和盈利能力。同时，也建立了市场监测机制，及时了解市场动态，作出相应的调整和应对措施。通过科学的风险评估和管理，项目成功降低了市场风险的影响，取得了较好的投资回报。

四、项目执行计划

工程项目的投资方案还需要明确项目的执行计划。项目执行计划涵盖项目的实施步骤、时间计划、里程碑节点等内容。投资方案应确保项目的执行计划合理可行，以保证项目按计划顺利进行。

（一）项目实施步骤

项目实施步骤是项目执行计划的核心内容之一。它涵盖了从项目启动到项目完成的所有关键步骤。具体包括项目准备阶段、前期调研与论证、项目设计与规划、项目招投标与合同签订、施工实施、项目验收与交付等各个环节。在每个阶段都需要明确具体的任务、责任人、时间节点等，确保项目的各项工作有序推进。

1.项目准备阶段

（1）项目启动。项目启动是项目实施的第一步，由项目发起人或投资方发起。在此阶段，确定项目的基本构想和目标，制订初步的项目计划和预算。

（2）可行性研究。进行项目可行性研究是确保项目执行的重要步骤。通过对市场需求、技术可行性、经济效益等进行深入分析和评估，确定项目的可行性，为项目决策提供依据。

（3）立项决策。根据可行性研究的结果，对项目进行立项决策，包括是否继续推进项目以及项目的预期目标和投资规模等。

2.前期调研与论证

（1）市场调研。进行市场调研，了解项目所处行业的市场情况和竞争态势，确定项目的市场定位和市场需求。

（2）技术论证。进行技术论证，确定项目的技术方案和技术要求，确保项目的技术可行性和科学性。

（3）社会影响评估。对项目进行社会影响评估，包括对环境、社会和公共利益等方面的评估，确保项目符合相关法规和标准。

3.项目设计与规划

（1）工程设计。进行工程设计，包括项目的总体布局设计、结构设计、设备选型等，确保项目的工程设计满足技术要求和安全标准。

（2）进度计划。制订项目的进度计划，明确各个阶段和任务的时间安排，确保项目按时完成。

（3）资源计划。制订项目的资源计划，包括人力资源、物资资源和资金资源的需求和调配，确保项目的资源供给充足。

4. 项目招投标与合同签订

（1）招标准备。准备项目的招标文件，包括投标邀请书、招标公告、招标文件等。

（2）投标评审。对投标单位进行评审，选择合适的投标单位，签订招标合同。

（3）施工合同签订。与中标单位签订施工合同，明确双方的权利和义务，确保施工过程的顺利进行。

5. 施工实施

（1）施工准备。准备施工场地，组建施工团队，安排施工任务。

（2）施工过程管理。对施工过程进行全程监控和管理，确保施工进度和质量。

（3）安全保障。重视施工安全，制定安全措施，确保施工过程安全稳定。

6. 项目验收与交付

（1）验收准备。对项目进行验收前的准备工作，包括整理项目资料、检查项目质量等。

（2）验收过程。进行项目的验收工作，对项目进行全面检查和评估，确保项目达到预期目标。

（3）项目交付。完成项目验收后，将项目交付给业主或使用方，结束项目实施阶段。

通过以上详细的项目实施步骤，可以保障项目的有序进行，并在规定时间内顺利完成。每个步骤都需要经过认真规划和实施，确保项目的质量和效率。项目经济管理团队应负责对每个步骤进行全面监督和控制，及时发现问题并采取相应措施，确保项目按计划顺利进行。

（二）时间计划

时间计划是项目执行计划中至关重要的部分。它是项目各个阶段和任务的时间安排，对项目的整体进度控制至关重要。在时间计划中，需要明确每个阶段的开始时间、结束时间，以及各个任务的工期和关键路径。同时，要考虑到项目中可能出现的延期和风险，合理安排缓冲时间以应对不可预见的情况。

1. 时间计划的制订

时间计划是项目执行计划的重要组成部分，它需要根据项目的实际情况和目标，合理安排项目各个阶段和任务的时间。时间计划的制订应遵循以下原则：

（1）项目目标导向。时间计划应围绕项目的目标和里程碑节点展开，确保项目按计划顺利完成。

（2）合理分解。将项目划分为不同的阶段和任务，并合理分解各个任务的工期，确保时间计划的可行性和准确性。

（3）关键路径分析。通过关键路径分析，找出项目中的关键任务和关键路径，确保这些关键任务按时完成，以保障整个项目进度。

（4）缓冲时间安排。在时间计划中要考虑到项目中可能出现的延期和风险，合理安排缓冲时间，以应对不可预见的情况。

（5）进度监控。建立项目进度监控机制，及时跟踪项目的进展情况，发现问题并及时调整时间计划。

2. 时间计划的具体内容

时间计划应包括以下具体内容：

（1）项目阶段划分。将整个项目划分为不同的阶段，每个阶段应包括一系列相关的任务和目标。

（2）任务工期安排。对每个阶段的任务进行工期安排，确定每个任务的开始时间和结束时间。

（3）里程碑节点。明确项目的里程碑节点，即关键阶段和重要任务的完成时间点，用于监控项目的整体进度。

（4）关键路径分析。通过关键路径分析，找出项目中的关键任务和关键路径，确保这些任务按时完成。

（5）缓冲时间。根据项目的风险评估，合理安排缓冲时间，以防止项目延期。

（6）资源配置。根据时间计划，合理配置项目所需的资源，包括人力资源、物资资源和资金资源。

3. 时间计划的实施与调整

时间计划的实施是项目执行过程中的关键环节。项目经济管理团队应密切关注项目的进展情况，及时收集和分析项目进度数据，确保项目按计划有序推进。

在实施过程中，可能会遇到各种不可预见的情况，如任务延期、资源不足等。因此，时间计划需要灵活性，项目经济管理团队要及时调整时间计划，合理安排资源，保障项目进度。

4. 时间计划的重要性

时间计划对项目的整体进度控制至关重要。一个合理有效的时间计划能够确保项目按时完成，避免项目延期导致的成本增加和资源浪费。同时，时间计划也是项目经济管理团队向相关方汇报项目进展的重要依据，能够保持项目执行的透明性和高效性。

通过科学的时间计划制订和实施，项目经济管理团队能够更好地掌控项目进度，保障项目的顺利进行，最终实现项目的成功。

（三）里程碑节点

里程碑节点是项目执行计划中的重要标志性事件，通常是项目的关键阶段或重要目标的达成点。在项目执行计划中，需要明确各个里程碑节点的定义和时间安排。里程碑节点的达成标志着项目的阶段性进展，有助于项目团队和相关方及时掌握项目进度，作出相应的调整和决策。

1. 里程碑节点的重要性

里程碑节点是项目执行计划中的重要标志性事件，它标志着项目在特定阶段取得的重要成就或达成的关键目标。里程碑节点对于项目的整体进度控制和管理至关重要。通过明确各个里程碑节点，项目团队和相关方可以及时掌握项目的进展情况，评估项目的风险和挑战，并作出相应的调整和决策。

（1）测量项目进展。里程碑节点是对项目进展的重要衡量标准。通过设立里程碑节点，可以将整个项目划分为若干个阶段，每个阶段完成一个具体的任务或达成一个关键目标。项目团队可以通过跟踪里程碑节点的完成情况，了解项目的实际进展，及时发现问题并采取措施，确保项目按计划进行。

（2）管控项目风险。里程碑节点的设立有助于项目风险的管控。在每个里程碑节点处，项目团队可以对项目进展和成果进行评估，发现可能存在的风险和隐患。通过及时识别和解决问题，可以降低项目的风险，避免风险积累导致项目失败。

（3）项目决策依据。里程碑节点的达成为项目决策提供了依据。当一个里程碑节点的目标达成时，可以对该阶段的成果进行评估，并根据评估结果作出相应的决策。这有助于项目团队在项目执行过程中做出及时调整和优化，确保项目的成功实施。

（4）沟通与协调。里程碑节点的设立促进了项目团队内部和相关方之间的沟通与协调。在每个里程碑节点处，项目团队可以召开会议或进行评审，就项目进展和成果进行交流，达成共识，明确下一阶段的目标和任务，加强团队合作，提高项目执行效率。

（5）监督与评估。里程碑节点有助于项目监督与评估。相关方可以根据里程碑节点的完成情况对项目的执行情况进行评估，对项目团队的绩效进行监督，确保项目按质按量按时完成。

里程碑节点是项目执行计划的重要组成部分，它为项目的顺利实施提供了清晰的目标和路线图。通过设立里程碑节点，项目团队和相关方可以共同努力，逐步完成各个阶段的任务，确保项目按计划推进，取得预期的成果，最终实现项目的成功。

2. 确定里程碑节点的原则

确定里程碑节点需要遵循一些原则，以确保里程碑节点的定义准确、合理：

（1）关键性原则。确定里程碑节点应该关注项目的关键阶段或重要目标，这些阶段或目标对项目的整体进度和成果具有重要影响。在项目启动阶段，项目经济管理团队应该与项目团队成员和相关方共同讨论，明确项目的关键节点和目标，确保这些节点和目标对于项目的成功具有决定性作用。例如，对于一个基础设施建设项目，确定地块购买和规划设计完成等阶段可能是关键性里程碑节点。

（2）可测量原则。里程碑节点应该是可以测量和验证的，即可以通过具体的指标或成果来衡量是否已经达成。在确定里程碑节点时，应该明确每个节点的完成标准和验收标准，以便在节点达成时进行验证。这样可以确保里程碑节点目标的达成是客观可信的，有利于项目团队和相关方对项目的进展进行评估和监控。例如，对于一个新产品开发项目，里程碑节点可以设定为产品设计完成和样品通过测试等。

（3）可实现原则。里程碑节点应该是可实现的，即可以通过合理的计划和资源配置来实现。在确定里程碑节点时，项目经济管理团队应该充分考虑项目的实际情况，避免设置过于理想化或无法实现的节点。同时，要确保每个里程碑节点目标的完成是可控的，能够通过项目团队的努力和协作来实现。例如，对于一个建筑工程项目，里程碑节点可以设定为施工图设计完成和施工进度达到一定阶段等。

（4）明确界限原则。每个里程碑节点应该有明确的开始时间和结束时间，确保项目进度的清晰可控。在确定里程碑节点时，要明确每个节点的工期和时间节点，以便在项目执行过程中及时跟踪和监控节点的完成情况。同时，要避免出现里程碑节点之间时间过长或过短的情况，以确保项目进度的合理性和可控性。例如，对于一个软件开发项目，里程碑节点可以设定为每个开发阶段的开始和结束时间。

（5）相关性原则。各个里程碑节点之间应该相互关联，形成项目的整体框架和进度计划。在确定里程碑节点时，要考虑各个节点之间的逻辑关系和依赖关系，确保节点之间的顺序和关联性。这样可以形成一个有机地整体计划，使项目的进度计划更加合理和完善。例如，在一个市政基础设施项目中，确定道路规划和土地征用完成等里程碑节点之间存在明确的先后顺序和依赖关系。

通过遵循以上确定里程碑节点的原则，项目经济管理团队可以有效地制订项目的执行计划，并确保项目的关键阶段和目标得到合理的规划和控制。在项目的实施过程中，及时跟踪和监控里程碑节点的完成情况，可以帮助项目团队和相关方对项目的进展进行及时评估和调整，确保项目按计划顺利进行，取得预期的成果。

3.里程碑节点的设置

在项目执行计划中，里程碑节点的设置是确保项目顺利推进和达成关键目标的重要环节。以下是各个阶段里程碑节点的详细内容：

（1）项目准备阶段

项目启动。确定项目的需求和目标，组建项目团队，明确项目的责任分工和组织结构。

立项批复。获得相关部门的立项批复，正式启动项目，并获得项目实施的合法性和资金保障。

项目组建。成立项目管理机构，任命项目经理，明确项目的组织架构和管理体系。

（2）前期调研与论证

市场调研。深入了解项目所处行业的市场状况，分析市场需求和竞争情况，为项目决策提供市场依据。

技术可行性论证。对项目所需技术进行可行性分析，评估技术实施的可行性和风险，为技术方案的确定提供依据。

项目可行性研究。对项目进行综合评估，包括技术、经济、社会等方面，确定项目是否可行和值得投资。

（3）项目设计与规划

项目设计方案确定。根据前期调研和论证结果，确定项目的整体设计方案和技术路线，为后续施工实施提供蓝图。

规划许可获批。获得相关部门的规划许可和建设用地规划许可，确保项目设计符合规划和法律要求。

（4）项目招投标与合同签订

招标文件发布。发布项目招标文件，明确投标条件和要求，吸引优秀的投标人参与竞标。

投标评审。对投标人的资格和投标方案进行评审，选定中标人并进行商务谈判。

合同签署。与中标人签署正式合同，明确双方的权责和义务，确保项目合同的合法性和执行力。

（5）施工实施

项目开工。项目正式进入实施阶段，开始实施施工计划和各项工作任务。

关键工序完成。确保项目中的关键工序按计划完成，防止影响整体进度的延误。

主体结构封顶。项目主体结构施工完工并封顶，标志着项目建设进入尾声。

（6）项目验收与交付

竣工验收。对项目的各项工程进行验收，确保工程质量符合规范和要求。

交付使用。项目顺利通过竣工验收后，交付使用，投入正常运营和使用阶段。

4. 里程碑节点的时间安排

在项目执行计划中，需要明确各个里程碑节点的时间安排。时间安排应该合理、可行，考虑到项目的实际情况和风险评估。在时间安排中，还应该考虑到可能出现的延期和风险，并预留一定的缓冲时间。

（1）任务分解与优先级确定。将项目分解为具体的任务阶段，并确定各个任务的优先级。根据任务的先后关系和重要性，合理安排里程碑节点的时间，确保前置任务完成后再进行后续任务。

（2）时间估算与风险预留。对每个任务的工期进行估算，考虑到项目中可能出现的延期和风险因素，在估算的基础上增加适当的缓冲时间。这样做可以避免项目受到不可预见的影响而导致进度延误。

（3）关键路径分析。通过关键路径分析确定项目的关键任务，这些任务的完成时间直接影响整个项目的进度。在关键路径上设置里程碑节点，确保项目的关键任务按时完成。

（4）阶段性评估与调整。在项目的不同阶段进行评估，检查项目进展情况并与实际情况对比，及时调整里程碑节点的时间安排，确保其与实际进度相符合。

（5）资源协调与优化。在设置里程碑节点的时间时，需要考虑项目所需的资源供给情况。合理安排资源的调配，避免资源短缺导致项目延期。

（6）项目风险管理。针对可能影响项目进度的风险，制定相应的风险控制措施。在时间安排中预留处理风险的时间，确保项目不会因为风险而受到过大影响。

（7）适度的缓冲时间。在设置里程碑节点的时间时，适度地预留一定的缓冲时间。这样做可以应对可能出现的意外情况，保证项目的进度不受过度紧张的时间计划影响。

总体来说，里程碑节点的时间安排需要综合考虑项目的复杂性、风险因素和资源供给情况，制订合理、可行的时间计划。在执行过程中，及时进行阶段性评估和调整，确保项目能够按计划顺利进行。此外，灵活应对可能出现的风险和延期情况，保留适度的缓冲时间，有助于项目的顺利推进。

5. 里程碑节点的管理与监控

在项目执行过程中，需要对里程碑节点进行管理与监控。项目团队应定期评估里程碑节点的完成情况，及时发现问题并采取相应的措施。如果出现里程碑节点无法按时完成的情况，项目团队应进行风险评估，重新制订相应的调整计划，确保项目整体进度的稳定。

定期评估里程碑节点的完成情况。在项目执行过程中，定期对各个里程碑节点的完成情况进行评估。项目团队应根据实际进展与计划对比，及时发现是否存在里程碑节点无法按时完成的情况。

（1）问题识别与解决。如果发现里程碑节点存在延迟或其他问题，项目团队应立即进行问题识别和分析，找出导致问题的原因，并采取相应的解决措施。这可能包括资源调配、工作重排、风险控制等措施。

（2）风险评估与应对。对于导致里程碑节点延误的风险，项目团队需要进行风险评估，并制订相应的应对计划。这样可以及时应对可能出现的不确定性，降低风险对项目进度的影响。

（3）进度调整与优化。如果里程碑节点的完成存在较大偏差，项目团队可能需要重新制订进度调整计划。根据实际情况，优化项目进度安排，确保项目整体进度的稳定。

（4）沟通与协调。在里程碑节点的管理与监控过程中，项目团队需要加强内部沟通与协调，确保所有成员对项目进度有清晰的认识，并共同努力实现里程碑节点的目标。

（5）关键路径管理。关键路径是影响项目总工期的最长路径，里程碑节点通常位于关键路径上。项目团队应特别关注关键路径的进度，确保里程碑节点的完成与关键路径的紧密相关。

（6）记录与总结。在管理与监控过程中，项目团队应及时记录里程碑节点的完成情况、调整措施和结果。同时，对于成功的管理经验和教训进行总结，为今后类似项目提供借鉴。

通过科学地对里程碑节点管理与监控，项目团队可以及时发现问题、采取措施，确保项目整体进度的稳定和顺利推进。同时，也有助于提高项目团队的执行能力和应对风险的能力，为项目的成功实施奠定基础。

6.里程碑节点的案例分析

以大型基础设施建设项目为例，项目执行计划中设定了多个里程碑节点，如项目启动、立项批复、项目组建、技术可行性论证、项目可行性研究、招标文件发布、主体结构封顶、竣工验收等。通过对这些里程碑节点的管理与监控，项目团队及时发现了项目中的一些问题和风险，并采取了相应的措施。在项目执行过程中，及时完成了各个里程碑节点，保障了项目的顺利实施。同时，里程碑节点的设置还为项目团队提供了一个清晰的进度目标，使团队成员都能明确自己的任务和责任，形成了高效的合作氛围，取得了良好的项目成果。

工程项目的投资方案是项目启动的重要步骤，它需要明确项目的定位和目标，确定投资规模和资金来源，并对投资回报和风险进行评估，制订项目的执行计划，并考虑项目的社会效益和环境影响。投资方案为项目后续的经济评价和决策提供基础，是项目成功实施的关键。

第二节　工程项目的经济评价

工程项目的经济评价是项目经济管理的关键步骤，它涉及对项目经济效益进行全面评估和预测，为项目决策提供科学依据。经济评价需要对项目进行成本效益分析、投资回报率计算等，帮助决策者判断项目的经济可行性。

一、成本效益分析

成本效益分析是经济评价的重要内容之一。它通过比较项目的投资成本和预期收益，确定项目的经济效益。成本效益分析可以采用净现值分析、内部收益率分析、投资回收期分析等多种方法。

除了净现值和内部收益率，投资回收期也是常用的成本效益分析指标之一。它表示项目的投资本金在多长时间内能够全部回收。通过综合考虑净现值、内部收益率和投资回收期等指标，可以全面评估项目的经济效益，并做出更为合理的决策。

二、投资回报率

投资回报率是衡量项目投资收益性的重要指标，它可以帮助决策者评估项目的经济效益和投资回报情况。投资回报率表示每投资一单位资金所带来的回报百分比，通常以百分比形式表示。投资回报率越高，意味着项目的投资回报越好，项目的经济效益也越高。

投资回报率是经济评价中的重要指标之一，但需要注意的是，它不能单独用来评估项目的优劣，而应结合其他指标如净现值、内部收益率等进行综合评估。只有在综合考虑多个经济指标的情况下，才能做出更为全面和合理的投资决策。

三、敏感性分析

工程项目的经济评价中，敏感性分析是一种重要的工具，用于评估项目经济效益对不同因素的敏感程度。通过对关键影响因素进行变动，观察对项目经济指标的影响情况，可以帮助决策者了解项目的风险和不确定性，制定更全面和可靠的决策方案。以下是一些常见的影响因素和敏感性分析的例子：

（一）市场需求变化

假设项目是开发某种消费品，可以考虑市场需求的不同增长情况。在高增长情况下，项目销售量和售价可能会增加，从而改善净现值和投资回报率。而在低增长情况下，项目的经济效益可能受到影响，净现值和投资回报率可能下降。

（二）原材料价格波动

对于需要大量原材料的项目，可以考虑原材料价格的波动对项目经济效益的影响。原材料价格上涨可能导致项目成本增加，净现值和投资回报率下降；而原材料价格下跌可能提升项目经济效益。

（三）劳动力成本变化

对于人力密集型项目，劳动力成本的变化可能对项目经济指标产生影响。劳动力成本上升可能导致项目成本增加，净现值和投资回报率下降；而劳动力成本下降可能有利于项目经济效益。

（四）利率变动

利率的变动会影响项目的融资成本和贷款利息支出。较高的利率可能增加项目融资成本，降低净现值和投资回报率；而较低的利率可能有利于项目经济效益。

（五）汇率波动

对于涉及跨国业务的项目，汇率波动可能对项目经济效益产生影响。汇率变动可能导致项目收入和成本的波动，影响项目净现值和投资回报率。

通过模拟不同的情景和变动，敏感性分析可以帮助决策者对项目的不确定性进行全面评估，并制定相应的风险管理策略。在实际决策中，敏感性分析是一个重要的辅助工具，能够帮助决策者更好地理解项目的潜在风险和回报，从而做出更明智的决策。

第三节　工程项目的投招标

工程项目的投招标是工程项目经济管理中的重要环节。投招标过程涉及选择合适的承包商和供应商，确保项目能够按时、按质完成，从而实现经济效益的最大化。

一、招标准备

在进行投招标前，项目经济管理团队需要做好招标准备工作。这包括明确招标范围和标的，制定招标文件，确定招标条件和要求，以及发布招标公告等。

（一）明确招标范围和标的

在招标准备阶段，首先需要明确招标的范围和标的物。这包括明确项目需要外部供应商或承包商提供的具体产品、服务或工程量，以及所需的技术规格和质量要求。

（二）制定招标文件

招标文件是向潜在投标人提供有关招标的全部信息和要求的文件。项目经济管理团队需要制定详细的招标文件，包括招标公告、招标邀请函、技术规格书、合同草案、投标表格等，确保投标人充分了解项目的需求和要求。

（三）确定招标条件和要求

招标条件是指投标人必须满足的资格条件和技术要求等。项目经济管理团队需要根据项目的特点和需求，明确投标人的资质要求、技术能力、财务实力等条件，确保参与招标的投标人具备必要的能力和条件。

（四）发布招标公告

招标公告是将招标信息向公众发布的通知。项目经济管理团队需要根据招标的范围和要求，发布招标公告，通知潜在投标人有关招标的信息，吸引合适的投标人参与竞标。

（五）筹备评标委员会

评标委员会是负责评审投标文件、选择中标人的组织机构。项目经济管理团队需要组建评标委员会，并确定评标委员会成员的资质和责任，确保评标过程的公正和透明。

（六）制定招标时间表

项目经济管理团队需要制定招标的时间表，明确招标开始和截止时间，以及评标、中标和合同签订等阶段的时间安排，确保招标过程按计划进行。

（七）确定招标方式

招标方式可以根据项目的具体情况选择，常见的招标方式包括公开招标、邀请招标、竞争性谈判等。项目经济管理团队需要根据项目的特点和需求，选择适合的招标方式，确保吸引合适的投标人参与竞标。

通过做好招标准备工作，项目经济管理团队可以确保招标过程的顺利进行，吸引合适的投标人参与竞标，选择到最合适的合作伙伴，为项目的顺利实施奠定基础。同时，做好招标准备也有助于保障招标过程的公平、公正和透明，维护投标人的合法权益，建立良好的商业合作关系。

二、招标过程

招标过程中，项目经济管理团队需要对招标方案进行详细讨论和评审，选择合适的招标方式，如公开招标、邀请招标等。同时，对参与投标的承包商和供应商进行资格审核，确保其能力和信誉符合项目要求。

（一）制定招标方案

在招标过程开始前，项目经济管理团队需要对招标方案进行详细讨论和评审。招标方案应明确招标的范围、标的物、招标条件和要求，以及招标的时间计划和方式等。同时，需要确定评标委员会成员的名单，以确保评标过程的公正和透明。

（二）选择招标方式

根据项目的特点和需求，项目经济管理团队需要选择合适的招标方式。常见的招标方式包括公开招标、邀请招标、竞争性谈判等。公开招标适用于大多数项目，邀请招标适用于需求较为特殊的项目，竞争性谈判适用于项目需求较为复杂的情况。

招标文件应详细说明项目的需求和要求，确保投标人充分了解项目的情况。

（三）准备招标文件、发布招标公告

招标文件应详细说明项目的需求和要求，确保投标人充分了解项目的情况。招标公告通常在招标网站、报纸等媒体上进行发布。

（四）进行资格审核

在投标截止日期之后，项目经济管理团队需要对参与投标的承包商和供应商进行资格审核。资格审核主要包括对投标人的资质要求、技术能力、财务实力等进行审查，以确保参与招标的投标人具备必要的能力和条件。

通过以上招标过程，项目经济管理团队可以选择合适的承包商和供应商，确保项目的顺利实施。同时，招标过程应保持公平、公正、透明，维护投标人的合法权益，建立良好的商业合作关系。

三、投标评审

在接收投标文件后，项目经济管理团队需要对投标文件进行评审，综合考虑价格、技术、进度等因素，选择最优质、最具竞争力的投标方案。投标评审过程需要公平公正，确保项目的经济利益最大化。

（一）投标文件的准备和收集

在投标截止日期之后，项目经济管理团队需要收集所有提交的投标文件。投标文件应包括投标人对项目的技术方案、报价、资质证明、工作计划、项目管理和实施方案等详细信息。

（二）投标文件的初步审核

项目经济管理团队首先对所有投标文件进行初步审核，检查是否缺少必要的文件和信息。如果发现有缺失或不完整的情况，可以要求投标人补充或澄清相关信息。

（三）评标委员会的组建

项目经济管理团队需要组建一个评标委员会，由具有相关专业知识和经验的人员组成。评标委员会的成员应该独立、公正，并且不与投标人有利益关联。

（四）评标标准的制定

在进行投标评审之前，项目经济管理团队需要制定评标标准和权重，明确对投标文件的不同方面进行评估的重要程度。评标标准可以包括技术方案的可行性、价格的合理性、工期的可控性等。

（五）技术方案的评审

评标委员会首先对投标人的技术方案进行评审。评审过程中，评标委员会会仔细研究每个投标人的技术方案，评估其可行性、创新性和实施能力。评审过程可以包括面试、演示、问答等形式。

（六）报价的评审

除了技术方案，评标委员会还需要对投标人的报价进行评审。评审过程中，委员会会比较不同投标人的报价，评估其合理性和竞争力。需要注意的是，报价并非唯一的评估标准，它应该与其他因素相结合考虑。

（七）资质的评审

评标委员会还需要对投标人的资质进行评审，确保其具备相关的技术能力和经验。资质的评审可以包括查阅资质证明文件、了解过往项目经验等。

（八）综合评估与最终选择

评标委员会将综合考虑技术方案、报价和资质等因素，进行综合评估。在评估过程中，可以根据之前确定的评标标准和权重来进行加权计算，得出每个投标人的综合得分。根据得分情况，最终选择最优质、最具竞争力的投标方案。

（九）结果的公示和谈判

评标委员会将评审结果进行公示，公示期间可以接收投标人的异议和澄清。之后，项目经济管理团队将与中标人进行谈判，讨论合同细节和项目实施计划。

通过以上投标评审的过程，项目经济管理团队可以选择到最适合项目需求的投标方案，确保项目的经济利益最大化。同时，评标过程应保持公平公正，维护投标人的合法权益，建立良好的商业合作关系。

第四节　工程项目的合同管理

合同管理是工程项目经济管理的基础，它涉及项目合同的起草、审批和执行，需要确保合同的合法性和有效性。

一、合同起草

项目经济管理团队需要制定合同范本，并根据实际情况制定具体合同条款。合同条款需要明确项目双方的权利和义务，包括工程范围、工期、付款方式等内容。

（一）合同起草步骤

1. 确定合同类型。根据项目性质和实际需求，确定合同的类型，例如施工合同、供货合同、劳务合同等。

2. 制定合同范本。根据公司的标准合同范本或行业通用合同范本，制定一个基本的合同模板。合同模板中应包含一般性的合同条款，如定义、双方权利义务、解决纠纷方式等。

3. 针对性修改。根据具体项目的需求，对合同模板进行针对性修改，增加或删减特定条款，确保合同符合项目实际情况。

4. 审核与审批。合同起草完成后，需要进行内部审核与审批，确保合同内容的合法性和合规性。

（二）合同主要内容

1. 合同双方信息。包括甲方和乙方的名称、地址、联系方式等基本信息。

2. 工程范围与规格。明确工程项目的具体范围、技术要求和规格标准，确保甲方和乙方对工程的要求有一致的认识。

3. 工期与交付时间。明确工程项目的起止时间，约定阶段性工程节点和最终交付时间。

4. 价款与支付方式。约定工程项目的总价款和支付方式，如一次性支付、分期支付、按进度支付等。

5. 质量保证与验收标准。规定工程项目的质量保证期限和验收标准，确保工程质量符合要求。

6. 违约责任与解除条款。明确双方违约责任和违约解除条件，防范可能发生的违约行为。

7. 保密条款。如项目涉及商业机密或专有技术，可以加入保密条款，确保项目信息的保密性。

8. 争议解决方式。约定合同争议的解决方式，可以选择仲裁、诉讼或协商等方式。

9. 合同变更与解释。约定合同的变更程序和解释权归属，确保变更过程透明公正。

（三）注意事项

1. 精确明确。合同起草需要语言精确、条款明确，避免产生歧义和不必要的纠纷。

2. 合法合规。合同起草必须遵循相关法律法规和合同法的规定，确保合同的合法性和合规性。

3. 双方协商。合同起草过程中，甲乙双方应积极协商，确保双方权益得到合理保障。

4. 签署与备案。合同起草完成后，双方应在法定范围内签署合同，并按规定进行备案手续。

合同起草过程中，项目经济管理团队需要认真审视项目的具体情况和风险，充分协调与甲方和乙方的交流与合作，确保合同内容与双方的意愿一致。同时，要保证合同的合法性、合规性，并咨询专业法律意见以防止法律问题的发生。合同起草完成后，双方应按规定进行签署与备案，确保合同的有效性。

二、合同审批

合同起草后，需要经过相关部门或单位的审批。审批过程中，需要对合同条款进行法律和经济审核，确保合同的合法性和经济合理性。

（一）合同审批的重要性

合同审批是确保合同的合法性和经济合理性的重要环节，对项目经济管理具有关键意义。在合同起草后，经过相关部门或单位的审批，可以从法律和经济角度对合同条款进行仔细审核，以确保双方的权益得到充分保障，减少潜在的法律风险和经济风险。

1. 合法性审查

合同审批过程中，法务部门将对合同的法律性质、合法性和合规性进行仔细审查。这包括确保合同内容不违反国家法律法规和政策，双方的权利和义务符合法律要求，合同的签署程序符合相关规定等。通过合法性审查，可以避免因合同违法而导致的法律纠纷和法律风险。

2. 经济性审查

经济性审查主要由项目经济管理团队负责，通过对合同条款的综合分析和评估，确保合同在经济上合理且可行。经济性审查的重点包括投资回报率、成本效益分析、支付方式与条件、风险责任与分担等。经济性审查可以帮助项目团队判断合同的经济可行性，评估项目的投资回报情况，并确保合同条款对项目的经济利益最大化。

3. 公平性审查

合同审批过程中，还需要对合同的公平性进行审查，确保合同条款对双方的权益均衡。公平性审查主要关注合同条款是否对甲方和乙方有利，是否平衡双方的权利与义务，是否合理分担风险。公平性审查可以减少不公平合同条款对项目执行带来的负面影响，维护双方的合法权益。

4. 内部审批流程

合同审批过程中，通常需要经过一系列内部审批程序。这包括项目经济管理团队内部的审批、公司内部的审批，以及与项目相关的上级单位或相关部门的审批。内部审批流程确保项目的决策程序透明合规，项目经济管理团队可以通过内部审批获取必要的支持和资源。

（二）合同审批流程

合同审批流程应根据公司内部管理规定和项目特点进行制定，一般包括以下步骤：

1. 提交审批申请。合同起草完成后，项目经济管理团队将合同文件提交给相关部门或单位，申请合同审批。

2. 法律审查。合同文件将交由法务部门进行法律审查，对合同的合法性和合规性进行审核。

3. 经济审查。经济管理团队对合同条款进行经济性审查，评估合同的经济可行性和风险控制措施。

4. 内部审批。合同审批通常需要经过公司内部的多个层级的审批程序，包括项目经济管理团队内部的审批、公司领导层的审批等。

5. 外部审批。在某些情况下，项目可能需要提交给上级单位或相关部门进行审批，尤其是涉及政府部门的项目。

6. 审批决策。各级审批部门根据法律审查、经济审查等结果，提出审批决策，决定是否通过合同审批。

7. 签署与备案。审批决策通过后，合同双方进行合同签署。签署过程中，应确保各方完全理解合同条款，并对合同的内容进行确认。签署后，合同经双方盖章或签字生效。

8. 合同备案。合同签署生效后，项目经济管理团队需要将合同备案，将合同文件存档并记录在案。合同备案是对合同的一种管理手段，有利于日后合同执行过程中的监督和管理。

9. 合同执行。合同签署后，双方按照合同约定开始履行各自的责任和义务。项目经济管理团队需要对合同的执行情况进行跟踪和监控，确保合同条款的全面执行，防止出现违约行为。

10. 合同变更管理。在项目执行过程中，由于各种原因，合同可能需要进行变更。合同变更需要经过相应的程序和审批，变更后的合同条款应经双方确认后生效。

合同审批流程应该建立在公司内部的规章制度和法律法规的基础上，确保审批过程公平、公正、透明。同时，应该根据项目的具体情况和复杂程度，灵活调整审批流程，以提高审批效率。

（三）合同审批注意事项

1. 法律合规性。合同审批过程中，特别要注意合同的法律合规性。合同条款应符合国家法律法规的相关规定，避免出现不合法或不合规的内容。

2. 项目经济评估。在经济审查阶段，项目经济管理团队应对合同条款进行细致评估，确保合同在经济上合理可行，符合项目的投资回报要求。

3. 合同风险评估。在审批过程中，要对合同可能面临的风险进行评估。合同条款应具备风险控制措施，确保项目在风险面前有相应的保障和应对策略。

4. 内部协调与沟通。合同审批涉及多个部门或单位，要保持内部协调与沟通，确保各方对合同条款有充分理解，并共同制定合同审批方案。

5. 合同审批时间。审批过程通常需要一定时间，因此在项目计划中应提前考虑合同审批时间，以确保项目进度不受影响。

6. 审批记录与备案。在合同审批过程中，应做好审批记录和备案工作，确保审批过程的透明性和可追溯性。

7. 合同风险提示。在合同签署前，应向合同双方明确提示合同的风险条款，确保各方充分了解合同内容，避免出现后续的争议和纠纷。

合同审批过程是项目经济管理中的重要环节，通过严谨的审批程序，可以确保合同的合法性和经济合理性，保障项目的顺利实施和经济利益的最大化。同时，合同审批也是对项目经济管理团队综合能力和专业水平的考验，要注重团队的专业培训和学习，不断提升管理水平和能力。

三、合同执行监督

合同签订后，项目经济管理团队需要对合同的执行情况进行监督，确保各方按照合同约定履行义务。监督的重点包括合同进度、质量、费用等方面。

（一）合同进度监督

项目经济管理团队应密切关注项目的进度执行情况，定期与承包商和供应商进行沟通，了解工程的实际进展，核实是否按照合同约定的工期进行施工和交付。

（二）合同质量监督

合同质量是项目成功的重要保障。项目经济管理团队需要监督工程施工过程中的质量控制，确保施工符合相关标准和规范，避免出现质量问题。

（三）费用控制监督

项目经济管理团队需要对项目的费用进行监控和控制，确保项目的资金使用合理高效，防止超出预算和不必要的费用支出。

通过有效的合同执行监督，项目经济管理团队可以及时发现问题，作出相应的调整和决策，确保项目按计划顺利进行，实现预期的经济效益和目标。同时，合同执行监督也是对项目经济管理团队综合能力和专业水平的考验，要注重团队的学习和提升，不断提高管理水平和能力。

第五节　工程项目的融资管理

工程项目的融资管理是指在项目启动和执行过程中，合理筹措和管理项目所需的资金。融资管理是项目经济管理的重要组成部分，它直接关系到项目的资金供给和资金使用效率，对项目的成功实施和经济效益具有重要影响。融资管理涉及以下几个方面：

一、资金需求评估

在项目启动前，项目经济管理团队需要对项目的资金需求进行评估。这包括明确项目的总投资额以及在不同阶段的资金需求量，确保项目的资金需求得到合理估计。

（一）项目总投资额评估

在项目启动前，项目经济管理团队首先需要对项目的总投资额进行评估。总投资额是指项目从开始到结束所需的全部资金投入，包括项目的建设成本、运营费用、项目管理费用等。评估总投资额的过程涉及多个方面的考虑：

1. 项目建设成本评估。项目建设成本是项目启动和实施过程中最主要的一部分资金需求。项目经济管理团队需要对项目的建设范围、规模、技术要求等进行详细分析，估算所需的原材料成本、人工成本以及设备设施成本等。这些成本将直接影响项目的投资规模和资金需求。

2. 运营费用评估。除了建设成本以外，项目的运营费用也是资金需求的重要组成部分。项目经济管理团队需要对项目运营过程中的各项费用进行评估，包括人员费用、物料费用、维护费用等。这些费用在项目运营阶段会持续产生，需要预先估算并确保项目有足够的资金支持。

3. 项目管理费用评估。项目管理是项目经济管理的核心任务之一，为确保项目顺利推进和实现经济效益，项目管理费用也需要纳入资金需求的考虑范围内。项目经济管理团队需要评估项目管理所需的人员费用、项目管理软件费用等，确保项目管理工作得到充分支持。

（二）不同阶段的资金需求评估

除了项目总投资额，项目经济管理团队还需要评估不同阶段的资金需求，以确保项目在各个阶段都有足够的资金支持。不同阶段的资金需求可以分为以下几个阶段：

1. 前期投资阶段。在项目启动初期，需要进行前期调研与论证，明确项目的可行性和市场需求。同时，项目的设计与规划也需要一定的投入。项目经济管理团队需要对这些前期投资进行评估，确保项目启动阶段有足够的资金支持。

2. 建设实施阶段。建设实施阶段是项目经济管理团队需要重点关注的阶段。在这个阶段，项目需要进行实际的施工和设备采购等工作。项目经济管理团队需要评估这些阶段的资金需求，确保项目的建设进展顺利。

3. 运营阶段。项目建设完成后，进入运营阶段。在这个阶段，项目经济管理团队需要评估项目的运营费用和维护费用等，确保项目的正常运营和维护。

（三）不确定性因素的考虑

在项目资金需求的评估过程中，还需要考虑不确定性因素。新时期的工程项目面临着市场价格波动、政策变化等不确定性因素，这些因素可能会影响项目的资金需求。因此，项目经济管理团队需要进行风险评估，预留一定的缓冲资金，以应对不可预见的情况。

项目经济管理团队在项目启动前需要对项目的资金需求进行全面评估。这包括项目总投资额和不同阶段的资金需求，同时还需要考虑不确定性因素对资金需求的影响。通过合理的资金需求评估，项目经济管理团队可以确保项目有足够的资金支持，顺利实施并取得预期的经济效益。

二、资金来源规划

根据项目的资金需求评估，项目经济管理团队需要制定资金来源规划。资金来源可以包括自有资金、银行贷款、股权融资、政府资金支持等。要根据项目的实际情况，制定合理的融资方案，确保项目的资金供给充足和稳定。

（一）自有资金

自有资金是指企业或投资方自身的资金来源。在资金来源规划中，项目经济管理团队需要评估企业或投资方的自有资金情况，包括现金储备、利润积累等。如果自有资金充足，可以优先考虑使用自有资金进行项目投资，降低融资成本和风险。

1. 现金储备。企业或投资方的现金储备是最直接的自有资金来源。项目经济管理团队需要评估企业的现金储备情况，确定是否能够满足项目的启动和实施资金需求。如果现金储备充足，可以减少对外部融资的依赖，提高项目的资金供给稳定性。

2. 利润积累。企业或投资方的利润积累也是重要的自有资金来源。项目经济管理团队需要评估企业的盈利能力，确定未来一段时间内可用于投资的利润积累额度。利润积累可以用于项目的建设和运营，减少对外部融资的需求。

（二）银行贷款

银行贷款是常见的融资方式之一，项目经济管理团队可以向银行申请贷款来满足项目的资金需求。在银行贷款来源规划中，需要考虑以下几个方面：

1. 贷款额度。项目经济管理团队需要评估项目的资金需求，确定所需贷款的额度。贷款额度应该能够满足项目的实际需求，但也要合理控制，避免贷款压力过大。

2. 贷款利率和期限。在选择银行贷款时，项目经济管理团队需要考虑贷款的利率和期限。贷款利率直接影响融资成本，期限影响还款压力。团队需要与银行协商，获得合理的利率和期限条件。

3. 还款计划。贷款后，项目经济管理团队需要制订还款计划，确保按时足额还款。还款计划应该根据项目的现金流状况和盈利能力来制订，避免出现还款风险。

（三）股权融资

股权融资是通过出售公司股权来融资的方式。在股权融资来源规划中，项目经济管理团队需要考虑以下几个方面：

1. 股权比例。项目经济管理团队需要确定出售的股权比例，即融资所需资金对应的股权比例。要综合考虑项目的实际需求和股东的利益，确保股权融资后公司治理结构的稳定。

2. 投资者选择。在进行股权融资时，项目经济管理团队需要选择合适的投资者。投资者除了提供资金支持外，还应该具备行业经验和资源，能够为项目的发展提供有价值的支持。

3. 股权估值。在股权融资过程中，需要对公司股权进行估值。项目经济管理团队可以通过专业机构的估值服务或其他方法来确定股权的合理估值，确保股权融资的公平合理。

（四）政府资金支持

在某些情况下，项目经济管理团队可以寻求政府的资金支持。政府资金支持可以是财政资金拨款、优惠政策、补贴等形式。项目经济管理团队需要与政府相关部门进行沟通，了解可获得的资金支持，确保项目得到必要的政府支持。

项目经济管理团队在制定资金来源规划时，需要全面评估项目的资金需求，综合考虑自有资金、银行贷款、股权融资、政府资金支持等多种资金来源，以确保项目的资金供给充足和稳定。同时，还需要注意风险控制，避免过度融资和还款风险，以确保项目的经济效益最大化。

三、融资条件协商

在与融资方进行协商时，项目经济管理团队需要明确融资条件和要求。这包括贷款利率、还款期限、担保要求等，确保项目融资的合理性和可行性。

（一）贷款利率

1. 确定合理利率

项目经济管理团队需要与融资方协商确定合理的贷款利率。利率水平会影响项目的融资成本，因此需要根据项目的风险情况、市场利率等因素进行综合考虑。

2. 利率浮动方式

可以商议利率的浮动方式，如固定利率或浮动利率。浮动利率通常与市场利率挂钩，会随着市场利率的变化而调整，需要对利率的上下限进行明确规定。

（二）还款期限

1. 还款期限协商

项目经济管理团队与融资方需要协商确定还款期限。还款期限需要根据项目的预期收益和还款能力进行合理规划，确保还款计划的可行性。

2. 还款方式

可以商议还款方式，如等额本息还款、等额本金还款等。不同的还款方式对项目的还款压力和资金管理有不同影响，需要根据项目的实际情况选择合适的还款方式。

（三）担保要求

1. 提供担保措施

融资方通常会要求项目提供担保措施，以降低融资风险。可以考虑提供抵押担保、质押担保或保证担保等方式，确保融资方的权益得到保障。

2. 担保范围和责任

明确担保的范围和责任，即在何种情况下担保责任生效，以及担保方需要承担的责任范围。担保条件需要具体明确，避免产生争议。

（四）违约责任

1. 违约责任协商

在融资条件协商中，需要明确各方的违约责任和相应的违约金条款。确保各方遵守合同约定，避免违约行为对项目融资产生不利影响。

2. 违约解决方式

协商确定违约解决方式，可以采取和解、仲裁或诉讼等方式解决可能出现的纠纷。明确违约解决方式有助于保障项目的顺利推进。

以上是在融资条件协商中需要考虑的一些要点，项目经济管理团队需要与融资方进行充分沟通和协商，确保融资条件的合理性和可行性。在协商过程中，需要综合考虑项目的实际情况、市场条件和融资方的需求，以达成双方满意的协议。

第六节　工程项目的变更索赔管理

变更索赔管理是工程项目经济管理中不可忽视的一环，它涉及对项目中发生的变更需求和索赔事宜进行合理处理，以维护项目经济权益和推进项目顺利进行。

一、变更管理

变更管理是指在项目实施过程中，由于项目范围、技术要求等方面的调整，导致合同内容发生变化的情况。变更可能是由于项目需要适应市场需求变化，或者由于技术创新等原因。项目经济管理团队需要及时与承包商协商，明确变更范围和费用调整，确保变更过程符合合同规定，经济影响可控。变更管理需要综合考虑项目的时间进度、成本控制和技术要求，确保变更不影响项目的整体目标和效益。

（一）变更管理的重要性

变更管理在工程项目中的重要性不可忽视。随着项目的推进，可能会出现市场需求变化、技术创新、政策法规调整等各种因素，这些因素可能导致项目的范围、目标或要求发生变化。若不及时进行变更管理，项目可能会出现无法适应变化环境的情况，从而影响项目的实施效果和经济效益。因此，项目经济管理团队需要高度重视变更管理，并采取灵活的措施来应对变化。

（二）变更管理的流程

1. 变更识别。项目经济管理团队需要及时识别项目中出现的变更需求。这包括与项目相关方充分沟通，了解项目所面临的内外部变化因素，并与项目目标进行对比分析，判断是否需要进行调整。

2. 变更评估。一旦变更需求被确认，项目经济管理团队需要进行变更评估。这包括对变更范围、影响程度、费用和时间等进行全面分析，以评估变更对项目经济效益的影响。同时，需要与承包商或供应商进行充分沟通，确保变更方案的可行性和合理性。

3. 变更协商。在确定变更方案后，项目经济管理团队需要与承包商或供应商进行协商和谈判。在协商过程中，需要明确变更范围和费用调整，确保各方的利益得到保障，并达成共识。

4. 变更批准。经过协商达成一致后，项目经济管理团队需要将变更方案提交给项目管理层或相关部门进行批准。确保变更符合项目整体目标，并得到合法授权。

5. 变更实施。一旦变更方案获得批准，项目经济管理团队需要及时将变更方案付诸实施，并跟踪变更过程中的执行情况，确保变更顺利进行。

二、索赔管理

索赔管理是指因项目中发生的问题或责任划分争议，导致合同各方之间产生经济损失而进行索赔的情况。项目经济管理团队需要对索赔事宜进行调查和解决，确保合同各方的权益得到维护。索赔管理需要建立严格的索赔流程和准确的索赔数据分析，以确保索赔的合理性和合法性。同时，项目经济管理团队需要综合考虑项目的经济成本和社会影响，寻求最佳解决方案，避免不必要的法律争端。

（一）索赔管理的重要性

1. 维护合同各方权益。项目中可能发生的问题或责任划分争议可能导致合同各方产生经济损失。索赔管理的重要目标是确保各方的权益得到维护，减少经济损失。

2. 避免法律纠纷。合同索赔往往涉及法律因素，如果索赔不能得到妥善解决，可能会引发法律纠纷，导致双方资源和时间的浪费。因此，及时、合理地解决索赔事宜对于避免法律纠纷至关重要。

3. 保持合作关系。索赔处理过程中，项目经济管理团队需要与承包商和供应商等合作方进行有效沟通和协商。妥善处理索赔事宜有助于保持良好的合作关系，为未来合作奠定基础。

（二）索赔管理的流程

1. 问题识别。项目经济管理团队需要及时识别可能导致索赔的问题，包括合同履约中的违约行为、质量问题、进度滞后等。问题识别阶段需要对问题进行准确记录和归档，为后续索赔提供依据。

2. 数据收集与分析。索赔管理需要收集相关数据和证据，对索赔事宜进行分析和评估。数据收集包括合同文件、交付文件、支付记录等，分析数据有助于确定索赔的合理性和金额。

3. 协商与谈判。一旦确定了索赔事宜，项目经济管理团队需要与相关合同方进行协商和谈判。在谈判过程中，需要明确问题的责任划分，确定索赔金额和解决方案。

4. 解决方案落实。协商达成一致后，项目经济管理团队需要确保解决方案得到落实。这可能涉及合同条款的调整、支付方式的更改等。确保解决方案的有效实施对于维护合同各方权益至关重要。

三、案例分析

某建筑项目在实施过程中，由于客户提出了一些额外的技术要求，导致工程范围发生变更。项目经济管理团队及时与承包商协商，制定了变更管理方案，明确了变更范围和费用调整。同时，项目经济管理团队对工程实施过程进行监控和记录，以备后续索赔事宜的处理。在项目结束后，由于工程验收存在争议，承包商向项目经济管理团队提出了索赔。经过调查和分析，项目经济管理团队与承包商协商解决了索赔事宜，双方达成了赔偿协议，维护了合同各方的合法权益。

（一）案例分析

1. 项目概况。某建筑项目在新时期工程项目实施过程中，由于客户提出了额外的技术要求，导致工程范围发生变更。项目经济管理团队及时响应，采取了变更管理措施，与承包商协商确定了变更范围和费用调整。同时，项目经济管理团队对工程实施过程进行了严格监控和记录，以备解决后续可能出现的索赔事宜。

2. 索赔事件发生。在项目结束后，承包商向项目经济管理团队提出了索赔，主要是因为在工程验收过程中存在争议。承包商认为其完成了额外的技术要求，应得到相应的赔偿。

（二）索赔处理过程

1. 调查与核实。项目经济管理团队首先进行了细致的调查和核实，对工程范围变更的原因、变更管理的执行情况以及承包商的实际工作量进行了全面了解和验证。

2. 协商解决。在核实了索赔事宜后，项目经济管理团队与承包商共同协商。双方就工程范围变更和额外技术要求的费用进行了透明公正的讨论，并基于实际情况找到了合理的解决方案。

3. 签订赔偿协议。经过多轮协商，项目经济管理团队和承包商达成了共识，并在纸面上签订了赔偿协议。该协议明确了承包商的索赔金额和赔偿方式，以及项目经济管理团队的付款方式和时间。

4. 合同优化。为了避免类似索赔事件再次发生，项目经济管理团队还对合同条款进行了优化，明确了变更和索赔的具体条款，并加强了合同执行过程中的监督和记录。

（三）结果与启示

通过项目经济管理团队的努力，该索赔事件得到了妥善解决，承包商得到了合理的赔偿，项目经济管理团队成功维护了客户的合法权益。这个案例表明在工程项目实施过程中，合同管理与风险防范的重要性。及时地变更合同条款并进行索赔处理，以及合同管理的优化，有助于减少纠纷和争议，确保项目的顺利进行和经济目标的实现。

这个案例还强调了项目经济管理团队与承包商之间沟通和合作的重要性。通过公平公正的协商，双方能够达成共识，避免长期的法律纠纷，保障项目的良好进展和双方良好的合作关系。

第七章　提高工程项目经济管理的有效办法

第一节　加强对标后预算编制工作的重视

标后预算编制是在项目实施过程中对项目成本进行控制的关键环节。加强对标后预算编制工作的重视，可以及时发现项目成本偏差和问题，采取相应的调整措施，确保项目成本控制在合理范围内。

一、建立健全标后预算编制机制

为了确保项目成本控制的有效性，项目经济管理团队需要建立健全标后预算编制机制。首先，明确标后预算编制的具体流程，包括收集项目实际成本数据、制订预算调整方案、审批预算变更等步骤。其次，明确各部门的责任和协作关系，确保预算编制工作能够有序进行。项目经济管理团队应与项目实施团队密切配合，及时获取项目进展情况和成本数据，以便进行预算调整和控制。

（一）建立标后预算编制的流程

在项目实施过程中，标后预算编制是一个动态的过程，需要根据项目的实际情况进行周期性的更新和调整。为了建立健全标后预算编制机制，项目经济管理团队应明确预算编制的流程，包括以下几个步骤：

1. 收集实际成本数据。项目经济管理团队需要与项目实施团队密切配合，及时收集项目的实际成本数据。这包括各项成本的实际发生情况，如人工成本、材料成本、设备成本等。同时，还需要收集项目的进度和完成情况，以便对成本进行合理的分析和预测。

2. 分析成本偏差。在收集实际成本数据的基础上，项目经济管理团队需要对预算与实际成本之间的差异进行分析。通过比较预算和实际成本的差异，可以发现成本偏差，进而分析偏差的原因。成本偏差的原因可能包括市场价格波动、采购变动、施工进度延误等，团队需要针对性地解决这些问题。

3. 制订预算调整方案。根据成本偏差的分析结果，项目经济管理团队需要制订相应的预算调整方案。如果发现成本超出预算，可以考虑采取降低成本的措施，如寻求替代材料、优化人力配置等。如果成本低于预算，团队可以重新分配预算，将多余的资金用于其他有需要的方面。

4. 审批预算变更。在制订预算调整方案后，项目经济管理团队需要将调整方案提交相关部门进行审批。预算调整涉及项目的经济利益和决策，需要经过相关部门的审查和批准。确保预算变更的合法性和合理性。

5. 实施预算调整。经过审批的预算调整方案，项目经济管理团队需要及时将其落实到实际操作中。这包括调整项目的经费使用计划、重新分配资源和资金等。同时，团队还需要监督预算调整的实施情况，确保调整措施得到有效执行。

（二）明确各部门的责任和协作关系

为了保证标后预算编制工作的顺利进行，项目经济管理团队需要明确各部门的责任和协作关系。不同部门在预算编制中扮演着不同的角色，需要密切配合，共同完成预算编制工作。

1. 项目实施团队的责任。项目实施团队是项目的具体执行者，他们需要及时将项目的实际成本数据和进度情况反馈给经济管理团队。实施团队还需要配合经济管理团队进行成本偏差的分析，提供有关偏差的原因和解决方案。

2. 财务部门的责任。财务部门负责项目的资金管理和预算编制工作。他们需要根据项目实际情况，协助经济管理团队制订预算调整方案，并进行预算变更的审批工作。同时，财务部门还需要对预算调整的实施情况进行监督和核实。

3. 经济管理团队的责任。经济管理团队是整个预算编制工作的主导者，他们需要对项目的成本情况进行全面的分析和评估。团队还需要与项目实施团队和财务部门进行紧密合作，确保预算编制工作的顺利进行。

（三）与项目实施团队密切配合

在标后预算编制工作中，项目经济管理团队需要与项目实施团队密切配合。项目实施团队是项目的具体执行者，他们了解项目的实际情况和进展，能够提供实际成本数据和项目进度信息。与项目实施团队的密切配合可以确保预算编制的准确性和实效性。

1. 定期沟通与协调。项目经济管理团队与项目实施团队之间需要建立定期的沟通与协调机制。定期召开会议或通过其他沟通渠道，了解项目的进展情况，收集实际成本数据，共同解决项目中出现的问题和难题。通过密切合作，能够及时发现成本偏差和风险，采取相应的措施进行调整。

2. 共同分析成本偏差。成本偏差是项目实施过程中常见的情况，项目经济管理团队与实施团队需要共同分析成本偏差的原因。项目实施团队能够提供具体的施工进度、材料采购等信息，而经济管理团队则可以从财务角度进行分析。共同分析成本偏差能够得出更准确的结论，并采取更有针对性的措施。

3. 提供经济决策支持。项目经济管理团队需要为项目实施团队提供经济决策支持。这包括对预算调整方案的制订、成本控制措施的推荐等。通过提供专业的经济决策支持，能够帮助实施团队做出更明智的决策，确保项目的经济效益最大化。

（四）定期进行预算与实际成本对比

为了确保项目成本控制的有效性，项目经济管理团队需要定期进行预算与实际成本的对比。通过对比预算和实际成本的差异，可以及时发现成本偏差，并进行成本分析，找出偏差的原因。定期进行预算与实际成本对比的频率可以根据项目的特点和实际情况来确定，通常可以设定为每月或每季度一次。

1. 成本偏差分析。成本偏差分析是预算与实际成本对比的关键环节。项目经济管理团队需要对每个阶段的预算和实际成本进行对比，计算出偏差率，并进行综合分析。成本偏差的原因可能涉及多个方面，如市场价格波动、原材料供应问题、施工进度延误等。通过成本偏差分析，团队能够找出问题的根源，并制订相应的解决方案。

2. 预算调整和控制。根据成本偏差分析的结果，项目经济管理团队需要制订预算调整方案，并进行预算控制。如果发现成本超出预算，团队可以考虑采取节约措施，优化资源配置，以减少不必要的支出。如果成本低于预算，团队可以重新分配预算，将多余的资金用于其他有需要的方面。通过预算调整和控制，能够保证项目成本控制在合理范围内，确保项目经济效益的实现。

3. 及时采取措施。预算与实际成本对比的目的是及时发现成本偏差，并采取相应的措施进行调整。项目经济管理团队需要密切跟踪预算执行情况，一旦发现成本偏差，应立即采取措施予以调整。及时采取措施能够避免成本偏差的进一步扩大，确保项目的经济效益得到最大化。

二、配置专业人员进行预算编制

标后预算编制是一项复杂的工作，需要具备专业的财务和成本控制知识。因此，项目经济管理团队应配置专业的财务人员或成本控制专员，负责标后预算的编制工作。这些专业人员应具备熟练的财务分析技能，能够准确分析项目成本情况，发现成本偏差，并提出有效的控制措施。

1. 确定财务人员或成本控制专员的职责。在配置专业人员进行预算编制时，首先需要明确其职责和工作范围。财务人员或成本控制专员应负责项目成本数据的收集和整理，参与成本预算的制定，进行成本偏差的分析和预测，以及提出成本控制建议。同时，专业人员还应与项目实施团队密切合作，了解项目进展和实际成本情况。

2. 技能要求与培训。配置专业人员进行预算编制需要确保其具备足够的专业知识和技能。项目经济管理团队可以在招聘时优先考虑具有财务、会计或成本控制背景的人员，或者对现有团队进行相关培训，提高他们的财务分析能力和成本控制技巧。

3. 制定预算编制的标准和规范。为了确保预算编制工作的准确性和一致性，项目经济管理团队可以制定预算编制的标准和规范。这些标准和规范可以包括成本分类、成本计算方法、预算编制流程等内容，以确保各个财务人员或成本控制专员在进行预算编制时遵循统一的标准。

4. 建立团队合作机制。配置专业人员进行预算编制后，项目经济管理团队需要建立团队合作机制，促进各个部门之间的协作和信息共享。财务人员或成本控制专员与项目实施团队之间需要保持紧密的联系，及时获取项目进展和成本数据，以便进行准确的预算编制和成本控制。

5. 经常培训和学习。项目经济管理团队应鼓励财务人员或成本控制专员进行经常性的培训和学习，不断提升他们的专业知识和技能。财务和成本控制领域的知识在不断发展和更新，通过培训和学习，可以保持专业人员的竞争力和应对新挑战的能力。

6. 使用成本管理软件。为了提高预算编制的效率和准确性，项目经济管理团队可以考虑使用成本管理软件。成本管理软件可以帮助财务人员或成本控制专员进行成本数据的录入和分析，提供各类报表和图表，方便管理团队进行决策。选择适合项目需要的成本管理软件，并进行培训和实践，可以提高预算编制工作的效率和质量。

总结起来，配置专业人员进行预算编制是确保项目成本控制的重要举措。这些专业人员应具备财务和成本控制领域的知识和技能，与项目实施团队密切合作，制定标准和规范，建立团队合作机制，不断学习和提高自身能力。通过这些努力，可以保证预算编制工作的准确性和实效性，实现项目经济效益的最大化。

三、设定成本控制指标

在标后预算编制过程中，项目经济管理团队应设定合理的成本控制指标，用于衡量项目成本的控制情况。常用的指标包括成本偏差率、成本效率等。成本偏差率指标可以帮助项目经济管理团队及时发现预算与实际成本之间的差异，进而分析偏差的原因。成本效率指标则用于评估项目成本的合理性和经济性，确保项目成本的高效利用。

（一）成本偏差率

成本偏差率是项目实际成本与预算成本之间的差异百分比。该指标可以通过以下公式计算：

成本偏差率 =（实际成本 − 预算成本）/ 预算成本 × 100%

成本偏差率为正值表示实际成本超出预算，为负值表示实际成本低于预算，为零表示实际成本与预算相符。项目经济管理团队可以定期计算成本偏差率，及时发现预算与实际成本之间的差异，进而分析偏差的原因。如果成本偏差率较大，可能需要采取相应的措施进行成本调整或控制。

（二）成本效率

成本效率是评估项目成本的合理性和经济性的指标。它可以通过以下公式计算：

成本效率 = 产出（或产值）/ 成本

成本效率反映了项目实现预期产出所需的成本情况。较高的成本效率意味着项目以较少的成本实现了预期产出，反之则表示项目成本较高，经济效益不佳。通过定期计算和监控成本效率，项目经济管理团队可以评估项目成本的合理性，找出成本效率较低的环节，并采取措施进行改进。

（三）成本与产值比

成本与产值比是将项目实际成本与实际产值相比较的指标，也称为投入产出比。该指标可以通过以下公式计算：

成本与产值比 = 实际成本 / 实际产值

成本与产值比反映了项目实际成本与实际产值之间的关系，可以帮助项目经济管理团队评估项目的经济效益。较低的成本与产值比意味着项目实现了较高的经济效益，反之则表示项目成本较高，经济效益不佳。通过定期计算和监控成本与产值比，项目经济管理团队可以评估项目的经济效益，并采取措施优化成本与产值之间的关系。

（四）成本效益分析

成本效益分析是一种综合评价项目成本和效益的方法。通过对项目的成本和效益进行全面的分析和对比，可以评估项目的经济效益和投资回报率。成本效益分析可以帮助项目经济管理团队确定项目的经济可行性，为决策提供重要依据。

（五）成本控制指标的设定要因项目性质而异

需要根据具体项目的性质、规模和复杂程度等因素来设定合理的成本控制指标。不同类型的项目可能关注的成本控制指标不同，例如，对于基础设施建设项目，可能更关注投资回收期和净现值等指标；对于科技创新项目，可能更关注技术投入产出比和知识产权的增值情况。

成本偏差率、成本效率、成本与产值比等指标可以帮助项目经济管理团队及时掌握项目成本状况，评估项目的经济效益，为项目决策和成本调整提供依据。设定成本控制指标需要因项目性质而异，并在整个项目实施过程中进行动态调整和监控，以确保项目经济效益的最大化。

第二节　加大项目开工阶段的策划精度

项目开工阶段的策划精度直接影响项目后续的实施效果和经济效益。在项目开工前，需要进行全面细致的策划，明确项目目标、任务和关键节点，合理安排资源和资金，确保项目能够顺利推进。

一、制订详细的项目计划

在项目开工阶段，项目经济管理团队应与技术团队共同制订详细的项目计划。这包括明确项目的目标和阶段性任务，制订具体的工作计划和时间表，确定项目的关键节点和里程碑。例如，对于基础设施建设项目，项目计划可能涵盖土地征用、设计招标、施工实施等各个阶段的任务和时间安排。制订详细的项目计划可以帮助项目经济管理团队合理安排资源和资金，提前预知可能的问题和挑战，确保项目进度的准确控制。

（一）确定项目目标和任务

项目目标是项目实施的总体要求和目标，它需要与项目的规模和性质相适应。例如，对于基础设施建设项目，目标可能是建成一条高速公路或一座大桥；对于信息技术项目，目标可能是开发一个新的软件产品或实现信息系统的升级。项目任务则是实现项目目标的具体工作步骤和内容，需要明确项目各阶段的任务和关键节点。

（二）制订工作计划和时间表

项目经济管理团队应制订详细的工作计划和时间表，将项目任务分解为具体的工作包或工作项，并为每个工作包分配负责人和完成时间。时间表应该合理安排项目各个阶段的开始和结束时间，考虑到资源和人力的可用性，以确保项目按时推进。

（三）确定资源和资金需求

在项目计划中，项目经济管理团队需要确定项目所需的资源和资金需求。这包括人力资源、物质资源、设备资源等。同时，需要制订资金的使用计划和资金筹措计划，确保项目所需的资金能够及时到位。

（四）考虑项目的风险和不确定性

在项目计划中，项目经济管理团队还需要考虑项目可能面临的风险和不确定性因素。例如，市场风险、技术风险、政策风险等。对于可能的风险，团队可以制订相应的应对措施和风险管理计划，以降低风险对项目的影响。

（五）编制项目进度表和里程碑计划

项目经济管理团队可以根据项目计划制订项目进度表和里程碑计划，用于跟踪项目的实施进展。进度表可以帮助团队及时发现项目进度偏差，及时采取措施进行调整。里程碑计划则用于标志项目的重要节点和阶段性成果，帮助团队评估项目的实施效果。

二、合理安排资源和资金

项目开工阶段需要合理安排项目所需的资源和资金。项目经济管理团队应根据项目计划和需求，及时调配所需的人力、物力和财力。例如，对于工程建设项目，需要确保施工队伍的组建和培训，材料和设备的采购，资金的筹措等。合理安排资源和资金可以保障项目开工后各项工作的有序进行，避免资源和资金的浪费，提高项目执行效率。

（一）人力资源的合理配置

项目经济管理团队需要合理配置项目所需的人力资源。这涉及选择合适的项目团队成员，确定各个岗位的职责和工作内容，确保项目有足够的专业人员参与，以及团队成员之间的协作和沟通。

（二）物质资源的采购与调配

在项目开工阶段，项目经济管理团队需要及时采购和调配项目所需的物质资源。这包括原材料、设备、工程工具等。项目经济管理团队需要与供应商建立稳定的合作关系，确保物资的及时供应和合理调配，以满足项目的需求。

（三）资金的筹措和管理

资金是项目开工阶段的重要保障，项目经济管理团队需要制订资金筹措和管理计划。这包括确定资金来源，如自有资金、银行贷款、股权融资等，以及制定资金使用计划和预算。同时，团队需要做好资金监控和管理工作，确保项目所需的资金能够及时到位，且用于项目的合理用途。

（四）资源和资金的优化配置

在项目开工阶段，资源和资金是有限的，项目经济管理团队需要优化配置这些资源和资金。这需要对项目进行全面综合考虑，权衡各项需求和优先级，确保资源和资金的最优利用。例如，可以采取灵活的资源调配方案，根据项目的进展情况和紧急程度，调整资源的使用和分配。

（五）风险应对措施

资源和资金的合理安排也要考虑项目可能面临的风险和不确定性。项目经济管理团队需要建立风险管理机制，识别潜在的风险因素，制定相应的风险应对措施。例如，如果项目面临资金供给不稳定的风险，可以考虑建立备用资金储备或与多个金融机构合作，以保障项目的资金需求。

三、确定风险管理措施

项目开工阶段，项目经济管理团队应对项目可能面临的各种风险进行评估，并制定相应的风险管理措施。风险管理是项目经济管理的重要环节，可以帮助项目团队在面临不确定性时能够及时应对，降低风险对项目经济效益的影响。例如，对于建筑工程项目，可能面临施工进度延误、材料供应不稳定、工程质量问题等风险，项目经济管理团队可以制定相应的风险应对方案，如备用计划、备货措施、质量把关要求等。

（一）风险识别和评估

项目经济管理团队应与技术团队和其他相关部门合作，共同识别项目可能面临的风险因素。这包括内部风险，如人员变动、资源不足等，以及外部风险，如市场波动、政策变化等。团队可以通过风险分析和评估，对风险进行排序和评级，确定其对项目经济的潜在影响。

（二）制订风险管理计划

针对识别出的风险，项目经济管理团队应制订相应的风险管理计划。风险管理计划需要明确风险的应对措施，包括预警机制、风险防范措施、应急预案等。例如，对于市场风险，可以制定市场监测机制，及时了解市场动态，以便调整项目策略；对于技术风险，可以建立技术评估和优化机制，保障技术实施的稳定性。

（三）风险监控和控制

在项目实施过程中，项目经济管理团队需要进行风险监控和控制。这包括定期对风险进行跟踪和评估，及时发现和解决潜在的风险问题。团队可以制定风险评估的时间表，设立风险预警指标，一旦发现风险指标超过预警值，即采取相应的应对措施。

（四）建立风险应急预案

除了日常风险管理外，项目经济管理团队还应建立风险应急预案，以应对突发的风险事件。风险应急预案需要明确应急措施和责任分工，确保团队成员在风险事件发生时能够迅速做出反应和处理。例如，对于自然灾害引发的项目停工，团队可以制定相应的应急预案，包括安全疏散、设备保护、项目进度调整等措施，以减少风险对项目的损失。

（五）持续改进和学习

风险管理是一个持续的过程，项目经济管理团队应保持持续改进和学习的态度。团队可以根据项目实施过程中的经验教训，总结经验，发现问题，不断完善风险管理措施和方法。同时，团队还可以关注行业的最新动态和经验分享，借鉴他人的成功经验和教训，提升项目的风险管理水平。

四、利用科技手段提高策划精度

现代科技手段在项目策划阶段的应用可以大幅提高策划精度。项目经济管理团队可以借助项目管理软件，如 Microsoft Project 和 Trello 等，进行项目计划和进度管理，实现资源和时间的优化配置。此外，利用数据分析软件，如 Excel 和 SPSS，可以进行数据的整理和分析，帮助项目经济管理团队制定更准确的项目预算和成本控制策略。科技手段的应用可以提高项目策划的科学性和准确性，为项目的顺利实施奠定坚实基础。

（一）制订项目计划

项目管理软件如 Microsoft Project 是一种功能强大的计划工具，可以帮助团队制订详细地项目计划。团队可以根据项目的目标和里程碑，建立任务清单，并安排任务的先后顺序和时间表。该软件可以自动计算任务的工期和资源需求，辅助团队合理安排项目进度。

例如：对于一个建筑工程项目，项目经济管理团队可以利用 Project 软件创建一个工作分解结构，将整个项目划分为多个子任务，如地基施工、框架搭建、内装工程等，然后确定任务的时间和依赖关系，从而制订出整体的项目计划。

（二）项目进度监控

项目管理软件可以实时跟踪项目进度，帮助团队掌握项目的实际进展情况。通过可视化的进度图表，团队可以清晰地看到任务的完成情况和进度偏差，及时发现潜在的延误或问题，并采取相应措施进行调整。

例如：在一个 IT 项目中，项目经济管理团队可以使用 Trello 等任务管理软件，将项目分解为不同的子任务，并设置任务的截止日期和负责人。团队成员可以实时更新任务的状态和进度，经济管理团队可以通过软件生成任务进度报告，及时了解项目进展情况。

（三）数据分析与预测

利用数据分析软件如 Excel 和 SPSS，项目经济管理团队可以对项目的成本、资源利用等数据进行分析，从而更准确地预测项目的经济情况和可能面临的风险。数据分析可以帮助团队发现成本的波动趋势，提前预警潜在的成本超支问题，采取相应的控制措施。

例如：在一个新能源项目中，项目经济管理团队可以利用 Excel 对不同供应商的报价进行数据分析，找出最优的供应商，并制订采购计划，从而降低项目的采购成本。

（四）虚拟仿真技术

利用虚拟仿真技术，项目经济管理团队可以在项目策划阶段进行虚拟演练和模拟，评估不同方案的经济效益和风险情况。通过虚拟仿真，团队可以在真实场景中模拟项目的运行情况，发现潜在的问题并进行优化，从而提高项目策划的准确性和效率。

例如：在一座新建大型桥梁的项目中，项目经济管理团队可以利用虚拟仿真技术，在计划阶段对桥梁的设计和施工方案进行模拟，评估不同方案下的成本和风险，从而选择最优方案并进行优化。

通过制订详细的项目计划、合理安排资源和资金、确定风险管理措施以及利用科技手段提高策划精度，项目经济管理团队可以确保项目顺利推进，最大程度地实现经济效益。同时，项目经济管理团队应与技术团队和项目实施团队紧密合作，形成协同机制，共同推动项目的成功实施。

第三节　积极推进工程过程结算

工程过程结算是项目经济管理的重要环节，它涉及项目各项成本的核算和结算。积极推进工程过程结算可以及时掌握项目的经济状况，发现问题并及时解决，确保项目成本的准确控制。

一、确立结算周期和方式

在项目启动阶段，项目经济管理团队应与相关方共同确定工程结算的周期和方式。结算周期可以根据项目的特点和工程进展情况而定，通常可以按月、季度或阶段性里程碑进行结算。同时，结算方式可以选择采用阶段性结算、实物结算或者费用计量结算等，确保结算方式与项目实际情况相匹配。

（一）结算周期确定

在项目启动阶段，项目经济管理团队应根据项目的规模、工期和资金需求等因素，与相关各方共同确定结算周期。通常情况下，较大规模的工程项目可能选择按月进行结算，而较小规模的项目可能按季度或阶段性里程碑进行结算。结算周期的确定需要充分考虑项目进展情况和成本的实际支出情况，以确保结算的及时性和准确性。

（二）结算方式选择

不同类型的工程项目可能适用不同的结算方式。常见的结算方式包括阶段性结算、实物结算和费用计量结算等。阶段性结算适用于工期较长或阶段性较为明确的项目，实物结算适用于需要确认实际完成工作量的项目，而费用计量结算适用于按照实际发生的费用进行结算的项目。项目经济管理团队应根据项目的具体情况选择合适的结算方式，确保结算的准确性和公正性。

二、严格执行结算程序

项目经济管理团队需要建立健全工程结算程序，明确各个参与方的责任和义务。结算程序应包括结算申报、结算审核、结算支付等环节，并明确结算文件的归档和保存方式。严格执行结算程序可以保证结算的规范性和准确性。

（一）结算申报

项目执行过程中，各相关方应按照约定的结算周期和方式进行结算申报。项目经济管理团队需要对提交的结算申报进行审核，确保相关资料的齐全和准确性。

（二）结算审核

项目经济管理团队对结算申报进行审核，核实各项成本和费用是否符合合同约定和相关规定。审核过程中需要注意对项目进度、质量、安全等方面的考核，确保结算数据的真实可靠。

（三）结算支付

审核通过的结算申报将得到支付，项目经济管理团队需要确保结算支付的及时性，以维护项目各方的利益。

（四）结算归档

完成结算支付后，项目经济管理团队应对相关结算文件进行归档和保存，建立健全结算档案管理制度，以备后续查阅和审计需要。

三、及时跟进结算进度

项目经济管理团队应及时跟进结算的进度，确保结算工作按时进行。及时跟进结算进度可以帮助发现潜在的问题和拖延情况，及时解决并避免对项目经济造成不良影响。

（一）制订结算进度计划

项目经济管理团队应在项目启动阶段制订结算进度计划，并明确结算周期和结算任务的时间安排。结算进度计划应合理安排结算工作的时间节点，以便在合适的时机进行结算审核和支付。

（二）建立结算进度监控机制

项目经济管理团队可以借助信息技术手段，建立结算进度的监控系统。通过数据的实时更新和分析，团队可以随时了解结算进度，及时发现拖延情况并采取相应的应对措施。

（三）定期召开结算进度会议

项目经济管理团队可以定期召开结算进度会议，与相关部门和参与方共同评估结算进展情况，及时沟通和解决存在的问题。会议可以提供一个信息交流的平台，促进结算工作的顺利推进。

（四）设立预警机制

项目经济管理团队可以设立结算进度的预警机制，当结算进度出现滞后或超出预期时，及时发出预警信号并采取紧急措施，以避免延误项目进度和成本增加。

（五）加强内部协作

项目经济管理团队内部各成员应密切合作，确保结算工作的高效推进。各成员应充分了解各自的职责和任务，及时提供所需的资料和信息，避免造成结算进度的延误。

四、主动与相关部门协调

工程项目涉及多个参与方和部门，包括施工单位、供应商、监理机构等。项目经济管理团队应主动与这些部门进行沟通和协调，确保相关资料的及时提供和信息的准确传递，以促进工程结算的顺利进行。

（一）建立沟通渠道

项目经济管理团队应建立与相关部门的沟通渠道，确保信息的及时传递和交流。通过定期会议、沟通平台或邮件等方式，保持与相关部门的紧密联系。

（二）协助提供资料

项目经济管理团队应主动协助相关部门提供结算所需的资料和信息。在结算过程中，可能需要从施工单位获取实际工作量、从供应商获取物资采购情况等数据，团队应积极配合，确保数据的准确性和完整性。

（三）解决问题与分歧

在工程结算过程中，可能会出现一些问题和分歧。项目经济管理团队应及时协调各方，寻求解决方案，化解矛盾，确保结算工作能够顺利进行。

（四）促进信息共享

项目经济管理团队应促进相关部门之间的信息共享，以提高工作效率和准确性。通过共享信息，可以让各方及时了解项目进展和成本情况，共同为项目经济管理提供支持和帮助。

五、注重结算数据的准确性和完整性

工程结算涉及大量的数据和信息，项目经济管理团队应注重结算数据的准确性和完整性。及时核实和核对结算数据，确保结算的准确性和可靠性，以避免因数据错误而导致的成本偏差。

（一）数据核实与核对

在结算过程中，项目经济管理团队应对提交的数据进行核实和核对，确保数据的真实性和准确性。若发现数据不符或存在疑问，应及时与相关部门联系核实。

（二）避免遗漏或漏报

项目经济管理团队应确保结算数据的完整性，避免遗漏或漏报相关费用和成本。结算工作应全面覆盖项目涉及的各个方面，包括劳务费、材料费、设备费等各项支出。

（三）严格遵守规定和标准

项目经济管理团队应严格遵守相关规定和标准，确保结算工作符合相关法律法规和会计准则。在进行结算工作时，团队应确保符合国家和地方相关法律法规的要求，遵循会计准则的规定，保证结算数据的合法性和规范性。

（四）数据备份与归档

为了确保结算数据的安全和可追溯性，项目经济管理团队应定期进行数据备份和归档。备份数据可以防止因数据丢失而导致的信息缺失，归档数据可以为日后审计和查证提供依据。

（五）审计和复核

在完成结算工作后，项目经济管理团队应进行审计和复核，确保结算结果的准确性和合理性。审计过程可以对结算数据进行独立验证，发现潜在的问题和误差，并提出改进意见和建议。

（六）持续优化结算流程

项目经济管理团队应持续优化结算流程，寻求更高效和精确的结算方法。通过引入先进的信息技术手段和管理方法，可以提高结算工作的自动化水平和数据准确性。

通过积极推进工程过程结算，项目经济管理团队可以及时掌握项目的经济状况，发现问题并及时解决，确保项目成本的准确控制，从而提高项目的经济效益和运行效率。

第四节　加强物质基础管理工作

物质基础管理是工程项目经济管理的重要保障。加强物质基础管理工作，包括对物资采购、使用和库存的监控和管理，可以保障项目施工的顺利进行，避免因物资问题造成的经济损失。

一、建立物质基础管理体系

（一）确定物资管理责任人

在项目经济管理团队中，明确物资管理的责任人，分配物资采购、库存管理和物资使用等职责。责任人应具备物资管理经验和专业知识，负责物资管理工作的规划、执行和监督。

（二）制定管理规范和流程

制定物资管理的规范和流程，确保物资采购、库存和使用的操作规程明确、标准化。例如，规定物资采购需提前编制采购计划、进行供应商评审，物资入库需建立登记台账和实行先进先出管理等。

（三）建立物资信息系统

借助信息技术，建立物资信息系统，实现对物资全生命周期的跟踪和管理。信息系统可以记录物资的基本信息、采购信息、库存信息、使用信息等，方便随时查看和掌握物资状况。

二、加强物资采购管理

（一）制订采购计划

根据项目进度和需求，项目经济管理团队应制订物资采购计划。采购计划应考虑到项目工期、物资交付周期和供应商的能力，确保物资按时供应。

（二）严格供应商评审

对潜在的供应商进行评审，综合考虑供应商的信誉、资质、价格、交货期等因素，选择合适的供应商进行物资采购。

三、加强库存管理

（一）建立库存清单

建立物资库存清单，记录每一批入库的物资信息，包括品名、规格、数量等，便于及时了解库存情况。

（二）定期盘点和检查

进行库存盘点，核对实际库存与库存清单的一致性，发现库存偏差并及时处理。此外，定期对库存物资进行检查，确保物资的质量并完好无损。

四、加强物资使用管理

（一）制订物资使用计划

根据项目进度和需要，制订物资使用计划，明确物资的使用时间、地点和方式。合理安排物资使用可以避免物资的闲置浪费和过度消耗。

（二）强化物资使用监督

加强对物资使用的监督和检查，确保物资按计划和规定使用。对于易损耗或珍贵的物资，要采取相应的保管措施，防止损失和浪费。

第五节　工程变更的控制和处理

工程变更是项目实施过程中常见的情况，如果不加以控制和处理，可能会给项目经济造成负面影响。项目经济管理团队需要建立健全变更管理机制，明确变更的程序和责任，及时评估变更对经济的影响，并采取相应措施进行调整。

一、建立变更管理机制

项目经济管理团队应建立健全变更管理机制，明确变更的流程和责任。这包括设立变更管理委员会或小组，负责审批和决策变更事项，明确各参与方的角色和职责，确保变更管理的规范性和高效性。

二、明确变更的程序

明确变更的申请和审批程序，确保所有变更都经过审批并得到合法有效的认可。变更申请应包括变更的原因、内容、影响、风险分析等信息，审批过程要充分考虑项目目标和经济效益。

三、及时评估变更对经济的影响

对每个变更进行经济影响评估，包括成本、工期、资源等方面的变化。项目经济管理团队应综合考虑变更的利弊，权衡变更对项目经济的影响，确保经济利益最大化。

四、合理控制变更范围和频率

在项目实施过程中，变更是难以避免的，但过多或频繁的变更可能会给项目经济带来负面影响。项目经济管理团队应合理控制变更的范围和频率，确保变更与项目目标相一致，避免不必要的成本增加和资源浪费。

五、积极应对变更风险

变更往往伴随着一定的风险，项目经济管理团队应积极应对变更风险，制定相应的风险应对措施。这包括预留合理的项目储备金，制订灵活的预算和资源计划，确保项目在变更后能够稳健运行。

六、建立变更管理档案

建立完整的变更管理档案，记录每个变更的申请、审批、执行过程和结果。变更管理档案是项目经济管理的重要参考资料，也有助于项目后期的经验总结和教训吸取。

建立健全变更管理机制，明确变更的程序和责任，及时评估变更对经济的影响，并采取相应措施进行调整，是有效控制和处理工程变更，保障项目经济的关键步骤。项目经济管理团队需要高度重视变更管理工作，确保项目目标的实现和经济效益的最大化。

第八章　新时期工程项目经济管理成本控制的措施

第一节　编制科学合理的施工组织设计

科学合理的施工组织设计是工程项目经济管理成本控制的基础。施工组织设计应充分考虑项目的实际情况和技术要求，合理安排施工流程和资源配置，以提高施工效率，降低成本。

一、充分了解项目情况

在编制施工组织设计之前，项目经济管理团队需要充分了解项目的具体情况，包括项目的规模、技术要求、进度计划等。只有对项目有全面的了解，才能制定科学合理的施工组织设计方案。

（一）项目规模和性质

项目经济管理团队需要了解项目的规模和性质，包括项目的总建筑面积、工程量、项目类型（如房屋建筑、基础设施、工业项目等）。不同规模和性质的项目在施工组织上会有差异，因此了解这些基本信息对于制定施工组织设计方案至关重要。

（二）技术要求和标准

项目的技术要求和标准对施工组织设计有直接影响。项目经济管理团队需要了解项目所采用的技术规范、质量要求以及相关的安全标准。在施工组织设计中，必须充分考虑这些技术要求，确保施工过程符合相关标准，避免因技术问题导致的成本增加和工期延误。

（三）进度计划

项目的进度计划是施工组织设计的重要依据。项目经济管理团队需要了解项目的整体进度计划，包括开工时间、各个施工阶段的时间安排、竣工日期等。只有在清楚了解项目的时间要求后，才能合理安排施工流程，确保项目按时交付。

（四）地理环境和气候条件

项目所处地地理环境和气候条件会对施工产生一定影响。例如，恶劣的气候条件可能导致施工难度增加，而特殊的地理环境可能需要采用特殊的施工方法。项目经济管理团队需要对这些因素有所了解，以便在施工组织设计中考虑到这些特殊情况。

（五）法律法规和审批要求

不同国家和地区对工程项目有一系列的法律法规和审批要求。项目经济管理团队需要了解项目所处地区的相关法规和审批流程，确保施工组织设计符合法律法规的要求，避免因不符合要求而导致的额外成本和法律风险。

（六）资源可获性

在施工组织设计中，项目经济管理团队需要考虑所需资源的可获性，包括劳动力、材料、设备等。如果项目所处地区资源供应不稳定或存在短缺，需要提前采取措施解决，以确保施工进度和成本控制。

通过充分了解项目的具体情况，项目经济管理团队可以制定科学合理的施工组织设计方案，确保施工过程高效顺利进行，最大程度降低成本，提高项目的经济效益。

二、确定施工目标和策略

根据项目情况，明确施工的目标和策略。施工目标可以是提高施工效率、降低成本、保障工程质量等，而施工策略可以是采用先进的施工技术、优化资源配置、提前采购关键材料等。

（一）确定施工目标

1.提高施工效率。施工效率是项目进度和成本控制的关键因素。项目经济管理团队可以设定提高施工效率的目标，通过合理的施工组织和优化施工流程，确保工程按计划进行，避免进度滞后和浪费。

2.降低成本。成本控制是项目经济管理的核心任务之一。设定降低成本的目标，项目经济管理团队可以采取多种措施，如优化资源配置、合理采购材料、精简施工流程等，以降低项目的总体成本。

3.保障工程质量。项目的工程质量直接关系到项目的长期运行和使用效果。设定保障工程质量的目标，项目经济管理团队应注重施工质量管理，加强施工过程监督和质量检查，确保工程符合相关技术要求和标准。

（二）确定施工策略

1.采用先进的施工技术。选择先进的施工技术和装备可以提高施工效率和质量。项目经济管理团队可以引入新的施工技术和设备，提高工程施工的自动化和智能化水平，从而实现高效施工。

2.优化资源配置。合理配置施工所需的人力、物力和财力，避免资源的浪费和闲置，是施工策略中重要的一部分。项目经济管理团队可以通过细化施工计划，精确控制资源使用，提高资源利用率。

3.提前采购关键材料。在项目开工前，项目经济管理团队可以根据施工计划，提前采购关键材料，避免因材料供应不及时而影响工程进度。

4.强化施工组织与协调。建立高效的施工组织与协调机制，确保施工过程中各个部门和团队的合作顺畅，减少协调成本和时间。

5. 严格施工管理。加强施工过程的监督和管理，落实各项施工标准和规范，防止违规施工和质量问题的发生，确保施工质量和安全。

通过明确施工目标和制定相应的施工策略，项目经济管理团队可以在项目实施过程中有针对性地进行成本控制和项目管理，从而实现工程项目的顺利推进和经济效益的最大化。

三、合理安排施工流程

在施工组织设计中，要合理安排施工流程，确保各项工作按照科学的顺序进行。合理的施工流程可以避免工程进度的拖延，提高施工效率，降低项目成本。

分析施工任务。在施工组织设计之前，项目经济管理团队应充分分析施工任务，明确每个施工阶段的具体工作内容、工期和关键节点。这包括对工程图纸、技术规范、施工合同等文件的仔细审查，以确保对施工任务有全面准确的了解。

（一）制订施工计划

根据施工任务的分析，项目经济管理团队制订详细的施工计划，确定施工的起止时间、工序安排和进度计划。施工计划应该合理安排各个施工环节的先后顺序，确保工程按照科学的顺序进行。

（二）考虑资源依赖关系

在施工流程的安排中，要考虑各项工作之间的资源依赖关系。例如，某个工序所需的材料和设备是否能够及时供应，是否有足够的施工人力来支持工作的顺利进行等。通过合理考虑资源的依赖关系，可以避免资源的浪费和不必要的等待时间，提高施工效率。

（三）确定并优化关键路径

关键路径是指在施工计划中具有最长工期的路径，决定了整个工程的总工期。项目经济管理团队应确定关键路径，并针对关键路径上的工作进行优化。对于关键路径上的工作，要加强施工管理，确保其按时完成，从而避免工期延误。

（四）引入先进施工技术

在施工流程的安排中，可以引入先进的施工技术和装备，以提高施工效率。例如，使用模块化施工、预制构件等先进技术，可以缩短工程周期，减少人力和资源的使用，降低成本。

（五）加强施工监督

项目经济管理团队应加强对施工流程的监督和检查，确保施工按照计划进行。及时发现和解决施工中的问题，避免影响工程进度和质量。

通过合理安排施工流程，项目经济管理团队可以有效控制工程项目的进度和成本，提高施工效率，确保工程项目的成功实施和经济效益的最大化。

第二节　严格控制人工费开支

严格控制人工费开支是确保项目经济管理成本控制的关键举措。项目经济管理团队需要采取一系列措施来有效管理和控制人工费用，以保证项目的经济效益最大化。

（一）合理安排员工数量和工作时间

在项目实施过程中，项目经济管理团队需要根据项目的规模、工期和工作内容，合理安排员工数量和工作时间。通过科学的工作量分析和人力资源规划，确保项目团队中的员工数量与项目需求相匹配。避免过多的人力资源投入，造成不必要的成本增加；同时，也要避免过少的人力资源，导致项目进度延误和工作质量下降。

团队可以通过以下方式来实现合理的员工数量和工作时间的安排：

1. 工作量评估。对项目各项任务的工作量进行评估，确定所需的员工数量。这可以基于过往项目的数据和经验，或者借助专业工作量评估工具来进行。

2. 任务分解和分配。将项目任务分解为具体的工作包，并合理分配给不同的团队成员。考虑员工的专业背景和技能，确保每个成员在自己擅长的领域发挥最大作用。

3. 工作时间安排。根据项目进度和工作量，合理安排员工的工作时间。避免因过度加班和长时间地工作，影响员工的健康和工作效率。

4. 引入灵活工作制度。可以考虑引入弹性工作制度，根据项目需要和员工的个人情况，灵活调整工作时间和地点，提高工作的灵活性和效率。

（二）控制加班费用

加班费用通常是人工费用的一个重要组成部分，特别是在工程项目的高峰期和紧张阶段。项目经济管理团队应该采取措施来合理控制加班费用，避免不必要的成本增加。

1. 合理安排工作时间。提前规划项目进度，合理安排工作时间，避免出现工期紧张导致的大量加班情况。

2. 节约工作时间。优化工作流程，提高工作效率、减少项目执行过程中的不必要等待时间和延误，从而减少加班情况的发生。

3. 引入弹性工时制度。可以考虑引入弹性工时制度，根据员工的实际工作量和项目进度情况，合理调整工作时间和休息时间。

4. 鼓励休息和调休。项目经济管理团队应该鼓励员工合理安排休息时间，保证身心健康。在紧张工作后，可以安排相应的调休，避免过度加班。

（三）建立绩效考核机制

建立科学合理的绩效考核机制是激励员工提高工作效率、减少人力资源浪费的重要手段。通过绩效考核，项目经济管理团队可以对员工的工作表现进行评估，将绩效考核结果与薪酬和奖励挂钩，从而激发员工的工作积极性和责任心。

1. 设定明确目标。项目经济管理团队应该与员工共同制定明确的工作目标和绩效指标。目标要具体、可衡量，能够激发员工的工作热情和动力。

2. 定期评估绩效。团队应该定期对员工的绩效进行评估，及时反馈和跟进员工的表现。通过定期的绩效评估，项目经济管理团队可以及时发现员工的优势和不足，为员工提供必要的培训和发展机会，帮助他们不断提高工作能力和水平。

3. 公平公正考核。绩效考核要公平公正，不偏袒任何一方。项目经济管理团队应确保评估标准公开透明，让员工了解评估过程和标准，避免因为主观偏见或不公平的评估导致员工的不满和抵触。

4. 奖惩制度。为了激励员工积极参与项目经济管理，可以设立奖励制度，对绩效优秀的员工给予相应的奖励和认可；同时，对绩效不佳或存在问题的员工采取相应的纠正措施，并提供必要的改进指导。

（四）培训和发展员工

培训和发展员工的技能和能力对于提高工作效率和降低人工费用至关重要。项目经济管理团队应该根据项目的特点和需求，制订相应的培训计划，并鼓励员工参与各类培训和学习活动。

1. 培训需求分析

（1）调查员工需求。项目经济管理团队可以通过员工问卷调查、个别面谈等方式了解员工的培训需求和意愿，包括他们认为需要提升的技能、知识和能力。

（2）职务要求分析。团队可以根据各个岗位的职务要求和工作职责，明确员工需要具备的专业技能和知识，从而为培训内容制定提供指导。

（3）反馈和建议收集。团队可以定期组织员工交流会、项目总结会等，鼓励员工提供培训反馈和建议，了解他们对现有培训计划的评价和期望。

2. 制订培训计划

（1）确定培训目标。项目经济管理团队应明确培训的目标和预期成效，如提高团队协作能力、优化成本控制技巧、掌握新的成本分析工具等。

（2）确定培训内容。根据培训需求分析的结果，结合岗位职责和项目特点，制定具体的培训内容，包括专业知识、技能培养、软技能等方面。

（3）选择培训方式。可以采用多种培训方式，如内部培训、外部培训、在线培训、研讨会等，根据实际情况选择最适合的培训方式。

（4）确定培训时间和地点。协调员工的工作安排，选择适当的时间和地点进行培训，以确保培训的顺利进行。

3. 提供专业培训

（1）内部培训。项目经济管理团队可以通过内部专家或优秀员工组织内部培训，分享项目管理经验和成本控制技巧。

（2）外部培训。与专业培训机构合作，邀请行业专家进行外部培训，引入新的管理理念和技术，提高团队的专业水平。

（3）在线培训。利用互联网和在线学习平台，开设在线课程，方便员工随时随地学习，提高学习的便捷性。

4. 鼓励学习与创新

（1）营造学习氛围。项目经济管理团队应营造鼓励学习和创新的氛围，让员工感受到学习是一种习惯和文化。

（2）提供学习资源。为员工提供学习资源，如图书馆、学习资料、学习平台等，让员工有更多学习的机会和选择。

（3）支持学历教育。鼓励员工继续深造，可以为员工提供学历教育的支持，如资助学费、调整工作安排等。

5. 职业发展规划

（1）制定职业发展规划。与员工沟通，制定个性化的职业发展规划，明确晋升途径和晋升标准，为员工的职业生涯规划提供指导。

（2）培训和挑战机会。提供员工参与培训和承担挑战性项目的机会，促进员工在工作中不断成长和发展。

（3）职业辅导和指导。建立良好的员工辅导和指导机制，帮助员工克服职业发展中的困难和挑战，实现个人和团队共同成长。

通过培训和发展员工，项目经济管理团队可以提高团队的整体素质和能力水平，优化人力资源配置，从而提高工作效率，降低人工费用，为项目的经济效益做出积极贡献。同时，员工的培训和发展也是对员工的激励和关心，有助于增强员工的工作积极性和对项目的归属感，提高员工的忠诚度和稳定性，为项目的长期发展打下坚实基础。

第三节　加强对材料费的全面控制

材料费是工程项目成本的主要组成部分之一。加强对材料费的全面控制包括对材料采购渠道的管理，对材料使用情况的监控，以及对材料质量的把控，以确保材料费用的合理控制。

一、管理材料采购渠道

为了加强对材料费的控制，项目经济管理团队应该建立健全材料采购管理机制。首先，需要对潜在供应商进行调查和评估，选择具有良好信誉和产品质量可靠的供应商。建立合作伙伴关系有助于获得更优惠的价格和服务，并减少交易成本。此外，建立长期合作关系还可以为项目经济管理团队提供稳定的供应保障，降低采购风险。

（一）潜在供应商调查和评估

在建立材料采购渠道之前，项目经济管理团队应该进行潜在供应商的调查和评估工作。这包括对潜在供应商的信誉、信用记录以及业务实力进行调查，以确保选择具有良好信誉和可靠质量的供应商。项目经济管理团队可以通过参考供应商的历史业绩、客户反馈以及相关认证和资质等方面进行评估。通过对供应商进行综合评估，可以为后续的合作建立良好的基础。

（二）建立合作伙伴关系

为了获得更优惠的价格和服务，项目经济管理团队可以与供应商建立合作伙伴关系。合作伙伴关系可以帮助项目团队获得更灵活的采购条件和价格折扣，从而降低材料采购成本。此外，合作伙伴关系还有助于建立长期稳定的合作关系，为项目提供稳定的供应保障。

（三）定期供应商绩效评估

为了确保采购过程的顺利进行，项目经济管理团队应定期对供应商的绩效进行评估。供应商绩效评估可以从多个方面进行，包括供货的准时性、产品质量、服务水平等。通过定期评估供应商的表现，项目经济管理团队可以及时发现问题，并采取措施进行改进或调整，保障项目材料采购的顺利进行。

（四）及时处理问题和投诉

在材料采购过程中，可能会遇到与供应商相关的问题或投诉，项目经济管理团队应及时处理这些问题，并与供应商进行有效地沟通和协商。对于供应商的投诉，项目经济管理团队应认真对待，找出问题的原因，并与供应商共同寻求解决方案。及时处理问题和投诉有助于维护与供应商的关系，确保材料采购过程的顺利进行。

通过对潜在供应商的调查和评估，建立合作伙伴关系，定期对供应商绩效评估以及及时处理问题和投诉，项目经济管理团队可以确保材料采购的高效和合理，从而有效降低项目的成本。

二、监控材料使用情况

严格监控材料的使用情况对于控制材料费用至关重要。项目经济管理团队可以通过建立材料使用台账和出入库登记来实时掌握材料的使用情况。在项目施工过程中，要加强对材料的领用和使用的跟踪，确保材料的实际使用量与计划使用量相符合。如果发现材料浪费或过度使用的情况，项目经济管理团队应及时采取措施予以调整。例如，可以对施工人员进行培训，加强对材料的管理和使用教育，提高材料使用效率。

（一）建立材料使用台账和出入库登记

项目经济管理团队可以建立材料使用台账和出入库登记，用于记录和追踪项目中所使用的各类材料。在材料出入库过程中，要求相关责任人进行登记，包括材料的名称、规格、数量、来源、用途以及责任人等信息。这样一来，项目经济管理团队可以实时了解材料的使用情况，从而及时采取措施应对材料的浪费或不合理使用情况。

（二）加强材料使用跟踪

项目经济管理团队需要与施工团队紧密合作，对材料的领用和使用进行跟踪。监控材料的实际使用情况，确保其与计划使用量相符合。如果发现材料浪费或过度使用的情况，可以通过与施工人员沟通，了解原因并采取相应的纠正措施。例如，可以进行材料使用效率的培训，让施工人员充分认识到材料的重要性，避免浪费。

（三）制订材料使用计划

与施工团队合作，共同制订合理的材料使用计划是必要的。根据项目的进度和需求，明确材料的使用量和时间节点，避免材料短缺或过多的储备。合理的材料使用计划有助于降低材料的积压和损耗，提高材料使用效率，从而降低材料费用。

（四）技术改进和优化设计

有时候，材料费用高昂可能与设计或施工工艺有关。项目经济管理团队可以与技术团队合作，寻找材料替代方案或优化设计，以降低材料成本。例如，选择性能更好且价格较低的材料，或者通过技术改进减少材料的使用量。

（五）奖惩机制的建立

在材料使用方面，可以建立奖惩机制激励施工团队合理使用材料。例如，对材料使用效率较高的团队进行奖励，鼓励他们节约材料、精打细算。而对于频繁浪费材料的情况，可以进行相应的惩罚措施，以形成有效的材料费用控制机制。

总的来说，严格监控材料的使用情况需要项目经济管理团队与施工团队紧密合作，建立有效的信息收集和反馈机制。通过有效的材料使用跟踪、制订合理的材料使用计划、技术改进和优化设计以及建立奖惩机制，可以最大程度地降低材料费用，提高项目的经济效益。

三、把控材料质量

材料的质量直接影响着工程质量和成本控制。因此，项目经济管理团队需要严格把控材料的质量，确保选用优质的材料。在材料采购阶段，要选择具有相关认证和标准的供应商，确保材料符合国家或行业的质量要求。同时，要对采购的材料进行验收，确保其符合项目技术要求和标准。如果发现材料存在质量问题，项目经济管理团队应及时予以退换或替换，避免因材料质量问题而导致项目成本的额外支出。

（一）选择合格供应商和材料

项目经济管理团队在材料采购阶段应该选择经过认证并符合相关标准的供应商。与有良好信誉的供应商合作可以确保所采购的材料的质量和可靠性。要对供应商的生产能力、质量管理体系以及历史供货情况进行评估，确保供应商具备稳定的生产能力和质量保证能力。

（二）材料验收和质量把关

项目经济管理团队应在材料到货后进行严格的验收工作。通过对材料的抽样检测和实验室测试，确保材料的质量符合国家或行业的标准要求。若材料不符合技术要求，要及时退换或替换，避免不合格材料对工程质量和进度造成影响。

（三）定期质量检查和监控

在施工过程中，项目经济管理团队应定期进行材料质量检查和监控。与施工团队合作，共同确保材料的正确使用和储存，以避免材料质量的损坏或浪费。通过定期检查，及时发现潜在问题，采取纠正措施，保障材料质量和工程质量的稳定。

（四）建立质量问题处理机制

如果发现材料质量存在问题，项目经济管理团队应建立有效的处理机制。及时与供应商联系，要求解决质量问题，并与施工团队协调，采取补救措施。必要时，可以对有质量问题的材料进行鉴定和评估，以确定责任并追求相应的索赔。

（五）技术改进和优化设计

项目经济管理团队可以与技术团队紧密合作，寻找更优质的材料替代方案或优化设计。有时候，虽然优质材料价格较高，但其性能和寿命更优越，可以降低后期维护和更换成本，从长远来看实现成本的节约。

通过管理材料采购渠道，选择可靠的供应商和合适的采购渠道，确保材料的质量和价格符合预期。通过监控材料使用情况，严格掌握材料的使用情况，避免因材料的浪费和过度使用而导致费用的增加。通过把控材料质量，选择优质材料，确保其符合项目技术要求和标准，降低因材料质量问题导致的额外成本。只有综合应用这些控制措施，项目经济管理团队才能实现对材料费用的合理控制，确保项目的经济效益最大化。

第四节　合理配置或租赁设备

设备费用是工程项目成本的重要组成部分。在项目实施过程中，根据项目需要可以选择合理配置或租赁设备，避免因设备投资过大造成的经济浪费。

一、设备配置决策

（一）项目规模和工期对设备配置决策的影响

1. 项目规模的影响

工程项目的规模是指项目的大小和复杂程度。规模大的项目通常需要更多和更大型的设备来满足施工需求，因此在设备配置决策时，需要根据项目规模合理确定设备数量和型号。

对于大型项目，项目经济管理团队可能需要考虑同时进行多个施工工序，因此需要配置多台相同或类似的设备，以确保施工进度和效率。此时，可以考虑批量采购设备，以获得更好的价格和服务优势。

而对于小型项目，设备需求较为简单，可能只需要一台或少数几台设备就能满足施工需求。在设备配置决策时，项目经济管理团队需要注意不要过度配置设备，避免造成资源浪费。

2. 工期的影响

工程项目的工期是指项目从开工到竣工所需的时间。工期长短直接影响着设备配置决策。对于长周期的项目，项目经济管理团队需要考虑设备的使用寿命和可靠性，确保设备能够持续稳定的运行。在这种情况下，可能需要更多地预留备用设备，以备不时之需，防止设备故障导致工期延误。

而对于短周期的项目，项目经济管理团队可以选择灵活性更强的设备，例如可以采用租赁设备的方式，根据项目进展随时调整设备数量，以适应工期的紧张程度。

（二）技术要求对设备配置决策的影响

1. 设备型号的选择

项目的技术要求直接决定了所需设备的类型和功能。在设备配置决策时，项目经济管理团队需要与技术部门紧密合作，了解项目的具体技术要求，选择适合的设备型号。

例如，在一些技术要求较高的项目中，可能需要采用最新的技术设备，以满足工程要求。尽管这类设备通常价格较高，但其卓越的性能和精准的施工能力可以提高工作效率和质量，从而在长期运营中降低项目成本。

2. 设备品牌的选择

设备品牌的选择也是技术要求的重要组成部分。在设备配置决策时，项目经济管理团队应考虑选择具有良好信誉和质量可靠的知名品牌。虽然一些知名品牌的设备价格相对较高，但其优质的售后服务和质量保障可以减少设备故障率和维修成本，为项目的稳定运行提供保障。

（三）预算限制对设备配置决策的影响

预算限制是项目经济管理团队在设备配置决策中必须高度重视的因素。在进行设备配置决策时，项目经济管理团队需要对设备投资进行详细预算分析，并确保在项目预算范围内进行合理的设备配置。

在预算有限的情况下，项目经济管理团队可能需要进行权衡和取舍。可以通过采用设备租赁方式来降低设备配置的初期投资，从而节约资金用于其他重要方面。此外，还可以选择灵活地设备配置方案，根据项目实际需求逐步增加设备数量和型号，以适应项目的发展和进展。

项目经济管理团队需要全面考虑项目规模、工期、技术要求和预算限制等因素，选择最合适的设备配置方案，以实现成本最优化和项目的高效顺利进行。通过科学合理的设备配置决策，可以提高施工效率，降低项目成本，最终实现项目的成功交付并达到客户满意度。

二、合理配置设备的优势

（一）节约成本

1. 避免过度投资。合理配置设备可以避免项目过度投资，不会因为过度购买设备而造成资金的浪费。项目经济管理团队在配置设备决策时，需要根据项目规模、工期和技术要求等因素，精准评估所需设备的数量和规格。避免过度投资不仅节约了项目的成本，还释放了资金可以用于其他关键方面，如人力资源、材料采购等，提高了项目整体效益。

2. 优化资源配置。合理配置设备可以优化资源配置，充分利用现有资源，提高资源利用效率。通过科学的设备配置，可以避免因设备过度闲置或过度利用而造成资源浪费。同时，合理配置设备还可以减少设备共享所带来的调度和管理成本，提高资源的利用效率，降低项目的整体成本。

（二）提高效率

1. 提升施工效率。合理配置设备可以提高施工效率，减少施工时间，从而缩短工期，降低施工成本。适用于项目技术要求和工程规模的设备能够更好地满足施工需求，提高施工速度和质量。同时，设备配置的灵活性也能够适应不同施工阶段的需求变化，从而加快施工进度，提高项目的整体效率。

2.减少人工劳动。合理配置设备可以减少对人工劳动的依赖，降低人工成本。一些重复性、高强度的工作可以通过设备来完成，从而减轻了劳动者的工作负担，提高施工效率。同时，设备的精确性和稳定性可以减少人工操作的错误和损耗，保障了工程的质量，避免了返工和修复带来的额外成本。

（三）降低维护成本

合理配置设备可以降低设备的维护成本。选用质量可靠、适用于项目要求的设备，能够减少设备故障率，降低设备维修和保养的频率和费用。此外，合理配置设备还有助于延长设备的使用寿命，减少设备更换和更新的频率，从而降低了设备的总体维护成本。

（四）降低风险

合理配置设备可以降低项目运行过程中的风险。通过选择适合项目需求的设备，避免了因设备不适配而造成的操作错误和事故。合适的设备还可以提高施工质量和安全性，减少项目运行中的潜在风险，保障项目的稳健推进。

总的来说，合理配置设备在工程项目经济管理中具有重要的优势。它不仅可以节约成本、提高效率，还能降低维护成本和项目风险。因此，项目经济管理团队应在设备配置决策中充分考虑项目的具体情况，综合各方面因素，做出科学合理的设备配置决策，为项目的顺利实施和经济管理奠定坚实基础。

三、设备租赁的优势

设备租赁作为一种灵活、高效地采购方式，在工程项目经济管理中具有许多优势。以下是设备租赁的主要优势：

（一）节约资金

1.避免大额设备投资

设备租赁可以避免项目方需要一次性投入大量资金来购买设备。对于一些中小型项目或者临时性项目，购买设备可能会对项目启动资金造成较大的压力。而通过设备租赁，项目方只需支付相对较低的租金，可以避免大额设备投资，将资金用于其他重要方面，如人力资源、材料采购等，提高资金利用效率。

2.灵活调配资金

设备租赁可以将设备费用分摊到项目周期内，实现逐期付款，降低了项目初期的财务压力。这种灵活的资金调配方式有助于项目方更好地规划和控制资金流动，保障项目的顺利进行。

（二）灵活性

1.根据实际需求调整设备

设备租赁具有更高的灵活性，项目方可以根据项目实际需求随时调整设备类型和数量。在项目不同阶段，可能需要不同类型或规模的设备来满足施工需求，租赁设备可以根据实际情况进行灵活配置，避免了不必要的设备闲置，减少了资源浪费。

2. 临时性项目的便利性

对于一些临时性项目或者项目周期较短的情况，购买设备可能不划算，而设备租赁则能够提供更为便利的解决方案。一旦项目结束，租赁合同到期后，项目方无需承担设备处理和维护的责任，节省了设备报废或转售的时间和成本。

（三）更新设备

设备租赁通常能够获得较新的设备型号，这些设备在性能和效率上更具优势。使用更新的设备可以提高施工效率和质量，有助于项目的顺利推进。对于技术要求较高的项目，租赁设备能够满足更高的技术要求，提高工程水平，增加项目的竞争力。

（四）减少维护成本

设备租赁通常由租赁公司负责设备的维护和保养，减少了项目方的维护成本和人力投入。设备租赁合同中通常包含了维护条款，租赁公司负责设备的日常保养和维修，确保设备在良好的工作状态，减少了项目方因维护而产生的额外成本。

总的来说，设备租赁作为一种经济高效的设备采购方式，具有节约资金、灵活性、更新设备便利和减少维护成本等优势。在项目经济管理中，项目团队可以根据具体项目情况，综合考虑各方面因素，选择合适的设备租赁方案，最大程度地优化成本和资源利用，推动工程项目顺利实施。

第五节　重视成本分析工作

成本分析是一种系统性的方法，通过对项目的各项成本进行详细分析，了解成本的构成和分布情况，找出成本较高的环节和原因，为制定降低成本的有效措施提供依据。以下是在项目经济管理中重视成本分析工作的重要性和实施步骤：

一、重要性

（一）发现成本高风险点

成本分析可以帮助项目经济管理团队识别项目中成本高风险点和影响成本的主要因素。这些高风险点可能涉及人工费用、材料费用、设备费用等多个方面。通过对这些关键成本要素进行深入分析，项目团队可以针对性地制定相应的控制措施，降低成本风险。

1. 人工费用的成本高风险点

在项目成本分析中，人工费用通常是较大的成本组成部分之一。项目经济管理团队需要对人工费用进行深入分析，以发现成本高风险点并制定相应的控制策略。

（1）劳动力成本波动。项目的劳动力成本可能受到市场供需关系、季节性因素等影响而波动。在高需求时期，劳动力成本可能上升，而在低需求时期，劳动力成本可能下降。项目经济管理团队需要预测和应对劳动力成本的波动，避免劳动力成本的不稳定性对项目造成不利影响。

（2）技术水平和培训投入。技术水平的提升通常伴随着培训投入的增加。虽然培训投入可以提高劳动力的技能水平和生产效率，但过高的培训成本可能增加项目的总体成本。项目经济管理团队需要进行成本效益分析，确保培训投入带来的效益能够超过成本。

（3）用工方式和时间安排。项目的用工方式和时间安排直接影响着人工费用。例如，采用零工或临时工的用工方式可能比全职员工更具灵活性，但相应地可能会增加用工管理成本。合理地时间安排可以避免因加班而产生额外的人工费用。

2. 材料费用的成本高风险点

材料费用是另一个重要的成本组成部分。项目经济管理团队需要对材料费用进行细致分析，以找出成本高风险点并采取相应的控制措施。

（1）材料价格波动。材料价格受市场供需关系、原材料价格波动等多种因素的影响，可能会出现剧烈波动。项目经济管理团队应密切关注材料价格的变化，寻找稳定供应商并在适当时机进行采购，以避免因价格波动造成的成本增加。

（2）材料质量问题。低质量的材料可能导致工程质量问题，增加后续维修和修复的成本。项目经济管理团队需要对材料进行严格的质量把控，选择可靠的供应商，并确保材料符合项目技术要求和标准。

（3）建筑废弃物处理。建筑过程中产生的废弃物需要进行妥善处理，否则可能增加项目的废弃物处理成本。项目经济管理团队应制定合理的废弃物处理方案，减少处理成本，并在可能的情况下考虑废弃物的资源化利用。

（二）制定成本控制措施

成本分析的结果为项目经济管理团队提供了数据支持和决策依据，帮助其制定合理有效的成本控制措施。比如，通过对材料费用的分析，团队可以选择更优惠的供应商或采用替代材料；通过对人工费用的分析，团队可以考虑引入技术改进，提高施工效率。这些控制措施将有助于降低项目成本，提高经济效益。

1. 人工费用的成本控制措施

（1）技术改进和自动化。引入先进的施工技术和设备，提高工人的施工效率，降低人工费用。例如，在大型工程中，可以采用施工机械化、自动化的方法来减少人工介入，提高施工效率。

（2）劳动力合理配置。根据项目的施工计划和工期要求，合理配置劳动力。避免出现人手不足或闲置的情况，从而优化人工费用的利用。

（3）培训和技能提升。通过培训提升工人的技能水平，提高其工作效率和质量。合格的工人可以更快、更准确地完成工作，从而降低项目的总体人工费用。

2. 材料费用的成本控制措施

（1）供应商谈判和合作。与供应商建立长期合作关系，争取更优惠的价格和服务。稳定的供应链有助于降低采购成本，并及时提供地供应保障。

（2）材料替代和优化。寻找替代材料或采用更优质、性价比更高的材料，以降低材料费用。项目经济管理团队可以进行材料的技术评估和成本效益分析，选择最适合的材料。

（3）库存管理。合理规划材料的库存量，避免过高或过低的库存水平。过高的库存会增加资金占用成本和仓储费用，过低的库存可能导致生产中断和延误。通过精确的库存管理，项目经济管理团队可以有效控制材料费用。

（4）损耗控制。在施工过程中，材料的损耗是不可避免的。然而，通过合理的施工措施和材料保护，可以降低材料的损耗率，减少项目成本。

二、实施步骤

（一）收集成本数据

（1）制订数据收集计划。在项目启动阶段，项目经济管理团队应制订数据收集计划。该计划明确了需要收集的成本数据、数据来源、数据收集的时间频率和责任人。同时，确保数据的准确性和完整性，避免因数据不准确而导致错误的成本分析结果。

（2）收集人工费用数据。人工费用是项目成本中重要的组成部分，可以通过工资单、劳动合同、社保缴费记录等途径收集相关数据。需要将不同岗位和工种的人工费用进行分类汇总，以便后续的成本分析。

（3）收集材料费用数据。材料费用是项目成本的另一个重要方面，可以通过供应商账单、采购记录、库存管理系统等途径收集相关数据。需要将不同类别的材料费用进行分类，包括原材料、半成品和成品等。

（4）收集设备费用数据。设备费用通常包括设备购买费用、租赁费用、维护费用等。可以通过设备租赁合同、维护记录、设备采购发票等途径收集相关数据。

（二）成本分类和分析

（1）直接成本和间接成本划分。将收集到的成本数据按照直接成本和间接成本进行划分。直接成本是可以直接归属于特定项目或成本对象的费用，如人工费用和材料费用；而间接成本是不能直接归属于特定项目的费用，如管理费用和行政费用。

（2）细分成本项。在直接成本中，进一步细分成人工成本、材料成本、设备成本等。在间接成本中，细分出各项管理和行政费用。

（3）成本趋势分析。将历史项目数据与当前项目数据进行对比，分析成本的变化趋势。通过成本趋势分析，可以预测未来可能出现的成本波动和高风险点，为制定成本控制措施提供参考。

（三）比较与参考

（1）行业标准对比。将当前项目的成本与行业标准进行对比。对于特定行业有公开的成本指标可以参考，如建筑行业的人工费用指标、材料费用指标等。通过行业标准对比，项目团队可以评估项目成本的优势与劣势，找出提升成本效益的潜在机会。

（2）类似项目对比。寻找类似规模和类型的项目数据进行比较。通过与类似项目的成本数据进行对比，可以了解是否存在不合理的成本结构或偏差，并从中汲取经验教训，避免重复错误。

（3）成本效益评估。成本效益评估是一个综合的考量，除了关注成本的高低外，还需要考虑项目的综合效益。项目经济管理团队应综合考虑成本控制措施对项目综合效益的影响，确保成本控制措施的可行性和有效性。

（四）制定成本控制措施

（1）定义成本控制目标。根据成本分析和比较结果，项目经济管理团队需要制定明确的成本控制目标。这些目标应该是具体、可衡量的，例如降低人工费用 5%、优化材料费用结构等。

（2）制定具体措施。根据成本控制目标，项目经济管理团队制定具体的成本控制措施。例如，在人工费用方面，可以通过优化用工方式、加强培训提升员工技能、采用绩效激励措施等来降低人工费用。

（3）落实实施计划。制定成本控制措施后，项目经济管理团队需要制订详细的实施计划，明确措施的执行时间、责任人和监控方式。确保措施能够有效地落地实施。

（五）跟踪与评估

（1）成本跟踪。项目经济管理团队应定期跟踪成本控制措施的实施情况，监控成本的执行情况。及时发现成本异常和偏差，并与成本控制目标进行对比，分析偏差产生的原因。

（2）成本评估。定期对项目成本进行评估和分析，评估成本控制措施的效果。根据评估结果，及时调整和优化成本控制措施，确保项目成本在可控范围内。

（3）总结经验教训。在项目执行过程中，项目经济管理团队需要及时总结经验教训。根据项目的实际情况和成本控制措施的效果，分析哪些措施取得了显著的成本降低效果，哪些措施没有达到预期效果。总结成功的经验，可以为未来类似项目提供参考和借鉴；同时，分析失败或效果不佳的原因，可以帮助项目经济管理团队更好地改进和优化成本控制策略。

（4）持续优化成本控制策略。成本控制工作不是一次性的任务，而是一个持续不断的过程。项目经济管理团队应持续关注成本控制情况，根据实际情况不断优化和调整成本控制策略。随着项目的进行和市场环境的变化，可能会出现新的成本风险点和挑战，团队需要灵活应对，并及时更新成本控制策略，确保项目成本的有效控制和经济效益的最大化。

（5）定期报告和沟通。项目经济管理团队应定期向项目管理层和相关利益者报告成本控制情况。报告应包括成本分析结果、成本控制措施的实施情况和效果评估，以及下一阶段的成本控制计划。定期报告和沟通有助于项目管理层了解项目的成本情况，提供支持和资源，同时也有助于获得利益相关者的理解和支持，共同推动项目的成本控制工作。

总的来说，重视成本分析工作是项目经济管理中确保成本控制的重要手段。通过系统的成本分析，项目团队可以找出成本高风险点，制定合理的成本控制措施，优化资源配置，从而降低项目成本，提高项目经济效益。

第六节　建立项目群管理模式

对于多个相互关联的工程项目，建立项目群管理模式是一种有效的成本控制措施。项目群管理模式可以实现资源的共享与优化配置，避免重复投资和资源浪费。同时，通过项目群管理模式，项目经济管理团队可以更好地把握整个项目群的经济效益，优化资源分配，提高综合效益。

一、整体规划和协调

项目群管理模式下，项目经济管理团队需要进行整体规划和协调，确保各个项目之间的目标和进度相互协调，避免资源的重复投入和浪费。通过合理安排项目的开展顺序和优先级，可以充分利用资源，提高项目经济效益。

（一）确定项目群的整体目标与战略

在整体规划阶段，项目经济管理团队需要明确项目群的整体目标和战略。这需要综合考虑各个项目的目标和任务，确保它们与整个组织的战略和发展目标相一致。整体目标的明确将为项目群提供一个统一的方向，有助于协调各项目之间的工作，避免冲突和重复投入。

（二）确定项目之间的优先级与关联关系

在项目群中，一些项目可能会相互依赖或有优先级的差异。项目经济管理团队需要对各个项目之间的优先级和关联关系进行评估和明确。这样可以确保资源优先投入到对整个项目群有最大贡献的项目中，并协调好项目之间的依赖关系，避免因某个项目的延迟而影响其他项目。

（三）合理安排项目的开展顺序

项目群中的项目通常不会同时启动，项目经济管理团队需要合理安排项目的开展顺序。对于前期准备较长的项目，可以优先启动，以确保项目群整体进度的顺利推进。同时，需要考虑到资源的利用效率，将资源优先投入到最需要的项目中，确保整体效益最大化。

（四）建立项目群管理机制

为了实现整体规划和协调，项目经济管理团队应建立项目群管理机制。这包括明确各项目的管理责任和权限，设立项目群管理委员会或领导小组，确保项目之间的信息共享和协调。同时，需要建立定期沟通和协调机制，以便项目经济管理团队及时了解项目群的最新动态，做出及时的调整和决策。

（五）做好项目群的风险管理

在整体规划和协调中，项目经济管理团队需要重视项目群的风险管理。由于多个项目之间相互关联，一个项目的变化或风险可能会对其他项目产生影响。因此，项目经济管理团队要及时进行风险评估，制定应对措施，确保项目群整体风险可控。同时，要加强与各项目团队之间的沟通和协调，共享信息，协同应对项目群面临的挑战和困难。

通过整体规划和协调，项目群管理模式可以实现多个项目间的协同发展，充分利用资源，提高项目群的经济效益。项目经济管理团队需要明确项目群的整体目标和战略，确定项目之间的优先级和关联关系，并合理安排项目的开展顺序。

二、统一管理和监控

项目群管理模式下，项目经济管理团队可以统一管理和监控多个项目的经济状况和成本控制情况。通过建立集中的项目经济管理信息系统，可以实时获取各个项目的数据和情况，进行综合分析和决策，及时发现问题并采取措施进行调整。

（一）建立项目经济管理信息系统

为了实现统一管理和监控，项目经济管理团队应建立项目经济管理信息系统。该系统应集成各个项目的经济数据和信息，包括预算、成本、进度、资源使用等方面的数据。通过建立信息系统，可以实现数据的集中管理和分析，避免信息孤岛和数据冗余，提高数据的准确性和一致性。信息系统还应具备实时更新和查询功能，以确保项目经济管理团队随时掌握项目群的最新动态。

（二）实时监控项目经济状况

项目经济管理团队可以通过信息系统实时监控项目群的经济状况。通过预算与实际成本的对比，可以及时发现成本超支或节约的情况，并采取相应的措施。同时，还可以监控项目的进度和资源使用情况，确保项目群按计划顺利推进。实时监控可以帮助项目经济管理团队及时发现问题，做出及时的决策，避免问题扩大化导致损失。

（三）综合分析和决策

通过项目经济管理信息系统，项目经济管理团队可以对各个项目的经济数据进行综合分析。可以通过数据分析工具对成本、效益等指标进行趋势分析和对比，找出成本较高的项目或环节，了解项目群的经济状况。综合分析还可以帮助项目经济管理团队发现项目群的优势和不足，为制定决策提供依据。在面对不同情况时，可以通过综合分析做出科学合理的决策，优化项目群的经济效益。

（四）及时调整和优化

通过统一管理和监控，项目经济管理团队可以及时发现项目群的问题和挑战。当发现成本超支、进度滞后或资源短缺等情况时，项目经济管理团队应及时采取调整和优化措施。这可能包括调整项目的资源配置、优化工作流程、寻找更优惠的供应商等。及时调整和优化可以避免问题进一步扩大，保障项目群的整体经济效益。

第七节　运用数字化管理手段

在新时期，数字化管理手段在工程项目经济管理中发挥着越来越重要的作用。通过数字化管理手段，可以实现对项目各项数据的实时监控和分析，帮助项目经济管理团队及时掌握项目经济状况，发现问题并及时调整。数字化管理手段还可以提高管理效率，降低管理成本，使项目经济管理更加精准和高效。

一、建立项目管理信息系统

项目经济管理团队可以建立项目管理信息系统，实现对项目预算、成本、进度等数据的集中管理和分析。项目经济管理团队可以通过信息系统获取实时的项目经济数据，及时进行成本分析，做出决策。信息系统还可以对项目经济管理过程进行全程跟踪，确保数据的准确性和可靠性。

（一）系统功能与构建

项目管理信息系统是数字化管理手段的核心工具之一。该系统应包括项目的预算管理、成本管理、进度管理等功能模块，以及数据采集、存储、分析和呈现的功能。在构建项目管理信息系统时，需要考虑系统的可扩展性和灵活性，以满足不同项目的需求。

1. 预算管理模块

预算管理模块用于制订项目的预算计划，包括对项目各项费用的预估和分配。该模块应允许项目经济管理团队根据项目的具体需求，设定不同阶段的预算目标，并进行预算的动态调整。

2. 成本管理模块

成本管理模块用于实时监控和分析项目的实际成本情况。项目经济管理团队可以通过该模块对项目的各项成本进行核算和控制，及时发现成本偏差，并采取相应措施进行调整。

3. 进度管理模块

进度管理模块用于跟踪项目的实际进度和计划进度的对比。通过该模块，项目经济管理团队可以了解项目的进展情况，发现进度延误的问题，并及时采取措施进行调整。

（二）数据采集与整合

项目管理信息系统需要与项目现场的数据采集设备和系统进行整合，实现对各项数据的实时采集和传输。数据采集可以通过传感器、监测设备、智能手机等方式实现，确保数据的准确性和及时性。

（三）数据分析与报表输出

项目管理信息系统应具备强大的数据分析功能，能够对大量的数据进行深入分析，帮助项目经济管理团队发现成本的构成和分布情况，以及项目存在的潜在问题。同时，系统应支持灵活的报表输出功能，可以根据用户的需求生成各类报表和图表，直观地展示项目经济状况。

二、数据分析与决策支持

数字化管理手段可以对大量的项目数据进行深入分析，帮助项目经济管理团队发现规律和问题。通过数据分析，可以进行预测和预警，及时采取措施调整项目经济管理策略。同时，数字化管理手段还可以提供决策支持，帮助项目经济管理团队做出科学合理的决策。

（一）数据预处理与清洗

在数据分析过程中，项目经济管理团队需要对采集到的数据进行预处理和清洗，以确保数据的准确性和一致性。预处理包括数据去重、填充缺失值、异常值处理等，确保数据的完整性和可靠性。

（二）数据可视化与分析

项目经济管理团队可以借助数据分析工具和软件，将大量的项目经济数据进行可视化和分析。通过绘制图表、制作数据报表等方式，可以直观地展示项目的成本分布、预算执行情况、资源利用率等，帮助管理团队了解项目的经济状况。

（三）成本效益分析

成本效益分析是数字化管理手段中的重要内容之一。通过成本效益分析，项目经济管理团队可以评估项目的经济效益，判断项目的投资价值，以及确定是否需要调整项目经济管理策略。

（四）预测与预警

数字化管理手段可以应用预测模型和算法，对项目的未来经济状况进行预测和预警。通过预测模型，可以预测项目的成本走势、资金需求等，帮助项目经济管理团队做出提前应对的决策。

三、提高管理效率

数字化管理手段可以自动化和集中化处理大量的项目数据和信息，减少手工处理的时间和错误，提高管理效率。项目经济管理团队可以更加专注于数据分析和决策制定，提高工作效率和质量。

（一）自动化处理与数据集成

数字化管理手段可以实现数据的自动化处理与集成，减少繁琐的手工操作。通过将不同系统和设备的数据进行集成，项目经济管理团队可以获得全面的项目信息，避免信息孤岛和数据冗余，提高数据的准确性和一致性。

（二）实时监控与反馈

数字化管理手段可以实时监控项目的经济状况，及时反馈项目的实施数据。项目经济管理团队可以通过手机、平板电脑等设备随时访问项目信息，及时掌握项目进展和经济情况，从而做出实时决策。

（三）数据驱动决策

数字化管理手段将项目经济管理过程转变为数据驱动的决策过程。通过数据分析和数据挖掘，项目经济管理团队可以获取准确的数据支持，减少主观判断和盲目决策，提高决策的科学性和精准性。

（四）远程协作与信息共享

数字化管理手段提供了远程协作和信息共享的便利。项目经济管理团队可以通过云端平台共享项目信息，实现实时沟通和协作。不同团队成员之间可以实时交流和分享数据，提高团队的协作效率。

（五）智能化预警与优化

数字化管理手段可以应用人工智能和大数据技术，实现项目经济管理的智能化预警和优化。通过对大量数据的分析和学习，系统可以预测潜在的经济风险，并提出优化建议，帮助项目经济管理团队及时调整经济策略，降低成本。

（六）信息安全与隐私保护

在运用数字化管理手段的过程中，项目经济管理团队需要重视信息安全和隐私保护。建立完善的信息安全管理制度，确保项目数据的保密性和完整性，防止信息泄露和数据被篡改。

科学合理地编制施工组织设计，严格控制人工费用开支，加强对材料费的全面控制，合理配置或租赁设备，重视成本分析工作，建立项目群管理模式以及运用数字化管理手段，都是有效的工程项目经济管理成本控制措施。通过这些措施的实施，可以提高项目的经济效益，降低成本，实现项目的可持续发展。

参考文献

[1] 崔学良，欧英成 . 工程招标投标活动中围标串标现象分析及对策研究 [J]. 海军工程大学学报（综合版），2020（9）：78—81.

[2] 郑鹏程，王道春 . 论《招标投标法》之完善——以社会主义核心价值观入法入规为视阈 [J]. 湖南大学学报（社会科学版），2020（3）：134—139.

[3] 赵璐林 . 建筑工程招投标实施过程中的问题 [J]. 财经问题研究，2014（11）：129—132.

[4] 杨景梅 . 建筑企业工程项目管理信息化研究 [J]. 居舍，2019（32）：170.

[5] 于海涛 . 基于流程化视角的建筑工程项目质量管理研究 [J]. 价值工程，2019，38（32）：65—67.

[6] 党剑英，赵晓芳 .EPC 工程项目管理的要点分析与实践 [J]. 工程建设与设计，2019（21）：271—272+275.

[7] 严强 . 新时期工程项目管理流程创新思考 [J]. 科技信息，（05）：493+532.

[8] 田珂 . 电力工程项目管理模式创新研究 [J]. 粘接，2019，40（10）：143—147.

[9] 张浩楠 . 建筑工程项目管理的关键问题及应对措施研究 [J]. 工程技术研究，2019，4（19）：180—181.

[10] 陈邦荣 . 水利工程项目管理工作中的重难点及应对措施 [J]. 四川建材，2019，45（09）：210+240.

[11] 魏静雯 . 浅议水利工程管理的现状及发展建议 [J]. 建材与装饰，2019（27）：284—285.

[12] 谭益红 . 基于流程化视角的建筑工程项目质量管理研究 [J]. 居舍，2019（25）：137.

[13] 陈致远 . 市政工程项目管理中的问题及对策研究 [J]. 中华建设，2019（08）：68—69.

[14] 马涛 . 合同管理在公路施工成本控制中的应用 [J]. 技术与市场，2019（9）：177—178.

[15] 徐国仕 . 公路工程合同管理在项目成本控制中的作用 [J]. 商品与质量，2018（18）：52.

[16] 张立霞 . 土木工程施工中的材料选择及质量控制策略分析 [J]. 绿色环保建材，2021（03）：19—20.

[17] 陈发华 . 论土木工程施工中的材料选择及质量控制措施 [J]. 居舍，2021（01）：39—40.

[18] 张益铭 . 土木工程施工中的材料选择及质量控制策略探讨 [J]. 农家参谋，2020（19）：166.

[19] 黄鹏源 . 土木工程施工中的材料选择及质量控制策略分析 [J]. 散装水泥，2020（03）：13—14.

[20] 刘春霞 . 建设工程造价控制的现状及其问题分析 [J]. 建筑与预算，2022（02）：16—18.

[21] 徐丹，张玉彬，赵奕华，郑胜强 . 基于 BIM 技术的医院项目施工过程结算管理研究 [J]. 工程经济，2021，31（12）：47—50.

[22] 武建锋 . 建筑施工过程中工程造价的动态管理研究 [J]. 建材发展导向，2021，19（24）：100—102.

[23] 毛杰 . 建筑工程造价预结算与施工成本管理分析 [J]. 冶金管理，2021（19）：141—142.

[24] 任志国 . 工程总承包项目实行过程结算方式的探讨 [J]. 财经界，2021（25）：49—51.

[25] 仲占 . 推行建设工程施工过程结算的难点与建议 [J]. 项目管理技术，2021，19（07）：123—126.

[26] 杨美莲 . 论建筑施工企业项目全生命周期成本管理与控制 [J]. 经贸实践，2018（24）：12—13.

[27] 张荷君 . 中小企业成本控制中的问题与措施分析 [J]. 农村经济与科技，2019（20）：10—11.

[28] 辛鹏 . 浅谈建筑工程项目管理中的成本控制 [J]. 现代经济信息，2019（11）：8—9.

[29] 左文建 . 装配式建筑项目全过程成本控制研究 [J]. 山西建筑，2019（5）：4—5.

[30] 刘申波 . 刍议 EPC 工程总承包设计阶段成本控制 [J]. 建筑工程技术与设计，2018（27）：621.

[31] 马健 .EPC 模式总承包方设计阶段成本控制分析 [J]. 武汉勘察设计，2018（1）：38—41.

[32] 王有亮，张哨军 .EPC 模式设计阶段成本控制存在的问题及对策研究 [J]. 工程经济，2018，28（11）：16—18.

[33] 吕芬芸 . 挣值法在 EPC 工程总承包项目成本管理中的应用 [J]. 会计师，2020（01）：39—40.

[34] 王友林 . 挣值管理法在 EPC 项目中的成本管理应用研究 [D]. 兰州交通大学，2019.

[35] 王满 . 企业价值链的价值创造评价鱼骨图构建研究 [J]. 经济问题探索，2017（06）：59—63.

[36] 潘玉喜 .EPC 项目的成本控制研究 [J]. 工程经济，2019，29（04）：11—14.

[37] 黄开明 . 关于 EPC 工程总承包设计阶段成本控制的探讨 [J]. 建筑建材装饰，2019（18）：137—143.

[38] 吴锐 . 公司存货管理内部控制分析 [J]. 财经界，2019（30）：18—19.

[39] 任丽萍 . 基于 EPC 模式的建筑供应链成本控制 [D]. 西安建筑科技大学，2015.

[40] 孙建飞. 建筑施工企业会计如何处理工程项目成本核算问题 [J]. 当代会计，2021（24）：46—48.

[41] 李乾. 建筑施工企业项目成本核算问题及控制策略 [J]. 中国建筑金属结构，2021（8）：34—35.

[42] 何掌权. 建筑施工企业项目成本核算注意事项分析 [J]. 中国集体经济，2021（16）：149—150.

[43] 赵兵. 施工企业工程项目成本核算问题研究 [J]. 企业改革与管理，2021（4）：192—193.

[44] 李佳. 建筑施工企业工程项目成本核算探究 [J]. 市场周刊，2020，33（9）：109—

110.

[45] 张海平. 建筑企业项目成本管理优化研究 [D]. 中南财经政法大学，2019.

[46] 郭媛. 施工企业工程项目成本核算问题研究 [J]. 科技经济市场，2020（5）：125—126.

[47] 于吉斌. 对建筑企业项目成本核算的思考与分析 [J]. 财经界，2020（11）：76—78.

[48] 王超 . 建筑工程项目成本控制研究 [J]. 财会学习，2019（05）：115，117.

[49] 张有飞 . 施工预算在建筑工程项目成本控制中的应用研究 [J]. 中国总会计师，2021（04）：68—69.

[50] 孙艳丽 . 新发展格局下地摊经济对中小企业的赋能作用 [J]. 社会科学辑刊，2021（04）：122—130.

[51] 董晓琳 . 施工预算在建筑工程项目成本控制中的应用 [J]. 吉林广播电视大学学报，2019（12）：154—155.84.